LA SCIENCE

DES

ARMOIRIES

TIRÉ A PETIT NOMBRE

Il a été imprimé en plus :

10 exemplaires sur papier Whatman (nos 1 à 10).
25 — sur papier de Chine (nos 11 à 35).
100 — sur papier de Hollande (nos 36 à 135).

135 exemplaires, numérotés.

LA SCIENCE

DES

ARMOIRIES

PAR

M. BACHELIN-DEFLORENNE

AVEC

GRAVURES DANS LE TEXTE

PARIS

LIBRAIRIE DES BIBLIOPHILES

338, Rue Saint-Honoré, 338

—

M DCCC LXXX

INTRODUCTION

I

En publiant ce traité de l'art héraldique, il n'entre nullement dans notre pensée de faire œuvre de fantaisie. Nous visons à être utile non seulement aux familles nobles, mais encore aux artistes, aux bibliophiles, aux collectionneurs, aux archéologues et à tous ceux qui ont besoin, à un titre quelconque, de connaître cet art tombé en désuétude, mais toujours utile au point de vue historique.

En effet, combien de personnes ignorent jusqu'aux principes élémentaires du blason, et qui cependant, en maintes circonstances, se trouvent dans la nécessité de déchiffrer et de connaître une armoirie !

Le blason est en quelque sorte une langue dont tous les termes, c'est-à-dire toutes les pièces, ont une signification déterminée. Nous ne citerons ici qu'un exemple entre mille :

Les Douglas d'Écosse portent pour armes : d'argent au

cœur sanglant (de gueules) surmonté d'une couronne royale, au chef d'azur chargé de trois étoiles d'argent.

Voici l'origine de ce blason :

Robert Bruce, roi d'Écosse, fit venir à son lit de mort, le 7 juin 1329, Douglas le Noir, l'un des plus grands capitaines de son temps. « Je sens bien que mon heure est proche, lui dit-il; j'avais fait vœu d'accomplir le voyage de Jérusalem pour y expier le meurtre de Comyn, et, puisque mon corps ne peut faire ce voyage, que du moins mon cœur y soit porté. Je veux donc, aussitôt que je serai trépassé, que vous ouvriez ma poitrine avec votre brave épée, que vous en tiriez le cœur de mon corps, le fassiez embaumer et le mettiez dans une boîte d'argent que j'ai fait préparer à cet effet. Vous l'emporterez en Terre sainte, en vous servant de mes meilleurs vaisseaux et de mes plus vaillants sujets. Et maintenant je puis mourir en paix. Allez, gentil chevalier, et que Dieu vous garde. »

Douglas, le roi étant mort, exécuta la volonté de Robert Bruce. Le 25 août 1330, il rencontra les Maures en Andalousie, et, accompagné de sa suite écossaise et d'une armée d'Espagnols, il livra bataille à Thiba, sur les confins de l'Andalousie. La lutte fut terrible. Douglas, un moment abandonné des siens, arracha de son col la boîte d'argent qui contenait le cœur de son roi; puis, la jetant dans la mêlée, il s'écria : « Maintenant, marche en avant, noble cœur royal, comme tu faisais pendant ta vie, et Douglas va te suivre ou périr. »

Et il s'élança au milieu des ennemis; mais bientôt, après des coups héroïques, vaincu par le nombre, il tomba et mourut.

Quand ses chevaliers rejoignirent son cadavre, Douglas tenait le cœur du roi d'Écosse, qu'il avait pu ressaisir de ses mains convulsives. Depuis cette époque, les Douglas portè-rent dans leurs armes un cœur de gueules surmonté de la couronne royale.

Cet exemple suffira à démontrer que l'art du blason n'est pas aussi vain que beaucoup de détracteurs voudraient l'insinuer.

Nous n'entendons pas prouver que toutes les armoiries présentent ce caractère de curiosité historique. Il s'en faut du tout au tout, et il est permis d'affirmer qu'on ne peut guère attacher d'importance à la symbolique du blason que pour les armoiries portées par les familles antérieure-ment au règne de Louis XIV.

Vers les dernières années du règne de ce grand roi, les caisses de l'État, épuisées par des guerres désastreuses, in-spirèrent aux ministres du temps une étrange capitation : l'impôt sur le blason. On vit alors, sous le contrôle de Charles d'Hozier, une foule de nobles nouveaux, sans compter quelques nobles de race, venir verser aux fermiers de la recette une somme de vingt livres pour conserver le droit de posséder des armoiries.

Il faut voir, à la Bibliothèque nationale, l'Armorial gé-néral, manuscrit de d'Hozier, en trente-quatre volumes de texte et trente-cinq d'armoiries, pour se rendre un compte exact de la cacophonie qui régnait dans le domaine héral-dique de l'époque.

Et cependant c'est sur les données de cet Armorial général *que d'innombrables familles ont édifié leur état nobiliaire. On commença tout d'abord par prendre des*

*armoiries, le plus souvent sans aucun souci des règles héral-
diques ; puis on acheta certaines charges donnant un droit
de noblesse, ou, mieux encore, on acquit des terres seigneu-
riales dont les noms furent ajoutés aux noms patrony-
miques. Peu à peu le nom patronymique disparut dans les
actes publics ou privés. Le nom de terre demeura avec la
particule, qui ne fut qu'à dater de cette époque un signe de
noblesse ; puis enfin on se hasarda à se servir des titres de
baron, de vicomte, de comte ou de marquis. La vraie
noblesse, celle qui avait conquis ses droits sur les champs de
bataille ou dans les conseils des rois, dédaigna de s'opposer
à ce flot d'usurpateurs ; elle dédaigna même de subir l'impôt
sur le blason en échappant à l'enregistrement par tous les
moyens de notoriété nobiliaire.*

*Il est donc fort difficile, de nos jours, pour quiconque
ignore les règles du blason et l'histoire nobiliaire, de distinguer l'ivraie du bon grain, la vraie noblesse de la fausse. Cependant, pour les curieux, il suffira de bien lire les armoiries.*

*Cette science vous enseignera que plus les armoiries sont
simples, plus elles sont sévères dans leurs règles primitives,
plus nobles sont les familles qui s'honorent de les porter.
Ne vous laissez jamais éblouir par les quartiers, les tenants,
les supports, les heaumes, les couronnes, les lambrequins,
les devises et les cris de guerre qui accompagnent un écu :
tous ces compléments du blason ont des règles aussi absolues et aussi indéniables que les émaux ou les pièces dont
une armoirie est composée, et la caractéristique de ces
règles, c'est encore et toujours la simplicité basée sur un fait
historique ou sur une idée symbolique.*

Déjà, à la fin du XVIIe siècle, beaucoup de gentilshommes s'étaient permis de falsifier leurs armoiries pour augmenter le prestige de leur nom, et c'est à ce sujet que Palliot, l'auteur de LA VRAYE ET PARFAITE SCIENCE DES ARMOIRIES [1], écrivait à la première page de son remarquable ouvrage, au mot ABAISSÉ :

« *Il serait à souhaiter que ce mot, qui nous sert d'entrée à* LA VRAIE SCIENCE DES ARMOIRIES, *fût pratiqué par un grand nombre de personnes qui prennent le vol plus haut que leur naissance et leur condition ne leur permet pas, et qu'elles se contentassent de l'avoir abbaissé, c'est-à-dire de n'entreprendre de mettre sur leurs écus les marques d'honneur qui ne leur appartiennent pas, soit de heaume, dont il y a de plusieurs sortes destinés à divers degrés de personnes ; soit les cimiers et supports, qui ne sont, à dire vrai, dus qu'à ceux qui les ont mérités par leur générosité ou par leur vertu, ou à ceux qui les ont acquis par naissance, et que du moins, si la fortune les a fait monter à quelque charge ou dignité, qu'elles en portassent seulement les marques, sans usurper celles des plus élevés, et, en se considérant dans leur bassesse, demeurer dans la modestie et bienséance de leur naissance et de leur condition... Si ces abbaissements étoient pratiqués, chacun se tiendroit aux termes de sa condition, ne portant que ce qui lui appartiendroit, et on ne verroit pas tant usurper les belles marques d'honneur qui ont été inventées et réglées par les anciens héraults, écrites et dépeintes dans leurs registres avec les armoiries des vrais nobles et gentilshommes, pour reconnoissance et récompense des belles actions des cœurs généreux et vertueux.* »

---

1. Dijon, 1665, in-folio.

II

Nous ferons grâce au lecteur d'une dissertation sur l'origine du blason. Les auteurs nombreux qui ont traité ce sujet se sont à qui mieux mieux évertués à lui donner pour point de départ « la nuit des temps » ; il en est même qui ont décrit le blason de la Vierge Marie, de Noé, et il existe à ce sujet des légendes qui, pour manquer de vérité, ne manquent pas d'esprit.

Un fait certain, c'est que l'art héraldique remonte aux croisades, vers le XIIᵉ siècle ; qu'il fut organisé, s'il est permis de s'exprimer ainsi, en même temps que s'ébranlaient les formidables légions qui de tous les points de l'Europe allaient se précipiter sur l'Orient.

Il forma une langue symbolique que les croisés des diverses nations comprirent parfaitement, bien qu'ils parlassent des idiomes différents.

Les noms des apôtres et des saints étaient alors, sauf quelques exceptions, les vrais noms de « tout le monde », et chacun avait un surnom qu'il s'attribuait ou qui lui était attribué, selon ses défauts, ses qualités ou ses possessions. Les grands, c'est-à-dire les forts et les vaillants, les habiles et les vertueux, dominaient la foule et cherchaient à se dominer entre eux. Pour se distinguer les uns des autres, ils eurent recours aux emblèmes. Ces emblèmes furent réglementés ; ils devinrent des armoiries, et les hérauts d'armes furent choisis par toute la chevalerie pour uniformiser ces règlements. De là le nom d'art héraldique.

Le mot blason *est emprunté au mot* blasen *de la langue allemande, qui signifie : sonner du cor.*

M. Grandmaison, le savant auteur du Dictionnaire héraldique *publié par l'abbé Migne, incline à lui donner pour étymologie le mot latin* blasus, *qui signifiait arme de guerre.*

Les hérauts d'armes, à l'entrée des chevaliers dans les tournois ou dans les pas d'armes, examinaient l'écu du bouclier de chaque combattant ; ils lisaient *les armes qui étaient peintes ou gravées sur ces boucliers, et, lorsqu'ils avaient reconnu que les gens d'armes étaient de bonne lignée, on sonnait du cor, et ceux-ci pénétraient dans l'arène du combat. De là le mot* blasonner, *selon la plupart des anciens écrivains qui ont traité du blason.*

Par extension, la noblesse fit peindre, sculpter ou graver les pièces héraldiques qui décoraient ses armes sur les livres d'heures, les étoffes, les meubles, les monuments, les édifices, les vitres et les litres des chapelles et des églises paroissiales, les tombeaux, les tapisseries, l'argenterie, et sur toutes sortes d'objets qui sont tombés, de nos jours, dans le domaine de la curiosité. On comprend donc combien il est important de savoir lire un blason, puisque de cette science doit résulter la possibilité de connaître le nom de la famille à qui a appartenu tel ou tel objet du genre de ceux que nous venons de détailler.

LA SCIENCE

DES ARMOIRIES

HÉRAUTS,

ROIS ET POURSUIVANTS D'ARMES.

COMME il appartenait aux hérauts et rois d'armes de composer les armoiries des nouveaux nobles, de dresser les généalogies des familles, d'établir les preuves de noblesse, qui étaient fréquemment exigées, nous devons commencer cet ouvrage sur le blason par une étude sur l'institution à laquelle appartenaient ces personnages importants. Nous emprunterons à Favyn, à Wulson de la Colombière, à Philippe Moreau et à Louvan Géliot les précieux renseignements qu'ils fournissent à ce sujet.

L'origine du mot héraut vient soit du mot allemand *herald*, qui veut dire *gendarme,* soit du vieux cri français : *haro,* en usage parmi les Normands, et qui était jeté comme un défi pendant les combats ou proféré en signe de victoire après les batailles.

Les hérauts étaient gentilshommes ; ils devaient être grands, forts, hardis et d'apparence majestueuse. Au moral, on exigeait d'eux la courtoisie, l'élégance et une solide mémoire. Ils devaient posséder une voix de stentor, de façon à pouvoir dominer le tumulte dans les grandes réunions d'hommes d'armes.

Au nom du roi ils publiaient la paix ou dénonçaient la guerre, et partout ils devaient être reçus avec le respect que l'on doit aux ambassadeurs.

Dans les cérémonies publiques : sacres, couronnements, mariages, baptêmes, funérailles, ils étaient des premiers, et leurs cris et proclamations avaient force de loi.

Pour le baptême des enfants des rois et princes, ils allaient par les rues, jetant des pièces d'or au peuple, en criant :

Largesse, largesse, largesse, de la part du très noble roi de France, pour ce que Dieu lui a donné lignée !

Lorsque le roi mourait, ils criaient par trois fois :

Le roi est mort, le roi est mort, priez Dieu pour son ame !

Puis, lorsque le grand maître des cérémonies avait retiré son bâton de la fosse royale, ils reprenaient à très haute voix :

Vive le roi, vive le roi, vive le roi, notre souverain seigneur et bon maitre !

Et ils prononçaient le nom du nouveau monarque, en

LE ROI D'ARMES MONTJOYE SAINT-DENIS.

Costume pour les funérailles royales.

ajoutant ce vœu : « Que Dieu lui donne très heureuse et longue vie ! »

Ils avaient le droit de signaler les fautes commises par les gentilshommes contre l'honneur, la loi et les dames. Ils présidaient aux tournois, joutes et pas d'armes. Ils avertissaient les chevaliers, écuyers et capitaines du jour où l'on devait livrer une bataille, et, pendant cette bataille, leur place était auprès de la *cornette blanche* ou *bannière de France.*

A l'heure du choc, ils se retiraient sur une éminence ; de là ils suivaient toutes les péripéties de la lutte, notaient les plus vaillants parmi les nobles pour les signaler au roi ; puis, la bataille finie, ils dénombraient les morts, relevaient les enseignes, et sommaient les villes rebelles ou les places vaincues de se soumettre à la volonté du vainqueur.

C'était par leurs mains que les récompenses militaires étaient distribuées, et par leur voix qu'elles étaient connues de tous.

Il leur appartenait de vérifier si les chevaliers qui sollicitaient l'honneur de porter bannière étaient assez nobles et assez riches pour obtenir ce droit, extraordinairement recherché.

Telles sont les principales prérogatives dont jouirent les hérauts d'armes, non seulement à la cour de France, mais encore dans celles des princes et grands vassaux du pays.

Ils avaient droit de corriger les abus qui se commettaient dans l'usage des armoiries ; ils s'assuraient par eux-mêmes, en parcourant les provinces dont ils portaient les noms, si les gentilshommes timbraient correctement leurs blasons, et réprimaient ceux qui, sans titres, portaient des couronnes, casques et supports qui ne leur appartenaient point. En un mot, ils étaient juges dans toutes les questions de noblesse.

Les hérauts avaient pour chef un ROI D'ARMES.

Le roi d'armes du roi de France prenait le nom de *Montjoye Saint-Denis*, parce que dans les combats il devait crier : « Saint-Denis Montjoye ! » qui était le cri des souverains français. Il était élu par ses pairs et conduit au parloir du souverain, qui le reconnaissait pour son premier roi d'armes. Il portait dès lors tous les habits du roi, dont il était en quelque sorte le sosie, au point de vue du costume.

Le roi le couronnait lui-même, en disant :

« Notre roi d'armes, par cette couronne, nous te nommerons par notre nom : MONTJOYE, qui est notre cri d'armes, au nom de Dieu, de Notre-Dame sa benoîte mère et de mon seigneur saint Denis, notre patron. »

Le roi d'armes nommé prenait par la main un héraut, ou poursuivant d'armes, qu'il avait choisi pour son second, et, se mettant aux genoux du souverain, il prononçait ces paroles :

« Sire, par le serment que je vous dois, et aux armes, voici (un tel) qui a très grande et bonne renommée de prud'homie, sage et suffisant, lequel je vous présente pour mon maréchal d'armes et lieutenant. »

A ces paroles, on plaçait aux mains du roi de France une verge de bois pelée, qu'il donnait au héraut d'armes, en disant :

LE ROI D'ARMES DES FRANÇAIS
MONTJOYE SAINT-DENIS
Fac-similé d'après Palliot.

HÉRAUT D'ARMES DU ROI DE FRANCE.

« Par cette verge, nous te consentons être maréchal d'armes et lieutenant de Montjoye, notre roi d'armes des Français. »

Le roi d'armes Montjoye était comblé de privilèges.

Il avait le pas sur tous les autres rois d'armes, dits rois d'armes des Marches.

Tous les rois d'armes de France et des Marches avaient chacun sous leur obéissance deux hérauts, et chaque héraut avait sous ses ordres un poursuivant d'armes.

Le roi d'armes Montjoye portait une cotte d'armes de velours violet cramoisi, ornée devant et derrière de trois grandes fleurs de lis d'or surmontées d'une couronne royale. Le nom de *Montjoye* était brodé en or sur la manche droite, et les mots *Roy d'armes de France* sur la manche gauche. Les cordons qui fermaient le collet étaient de velours cramoisi et d'or, avec de grosses houppes de même. Toute la cotte était bordée d'une broderie d'or de la hauteur du travers de trois doigts.

Cette bordure, pour les simples hérauts, n'était qu'un simple galon d'or.

Les rois d'armes des Marches avaient sur les manches de leurs cottes d'armes le nom de la province dont ils portaient le titre. Il y avait seize hérauts ou rois d'armes des Marches, dont voici les noms : Bourgogne, Normandie, Dauphiné, Bretagne, Alençon, Orléans, Anjou, Valois, Berry, Angoulème, Guyenne, Champagne, Picardie, Bourbon, Poitou et Provence.

L'institution des rois et hérauts d'armes était commune à presque toute l'Europe. Les ordres de chevalerie avaient aussi leurs hérauts d'armes ; ils portaient le nom de l'ordre

ROI D'ARMES DES MARCHES dit BOURGOGNE.

ROI D'ARMES DES MARCHES dit NORMANDIE.

auquel ils appartenaient. Avant d'être nommé héraut, il fallait avoir été pendant sept années poursuivant d'armes. Les hauts barons et chevaliers bannerets avaient des poursuivants d'armes sous l'aveu et reconnaissance d'un héraut.

Comme ces derniers, ils étaient baptisés par les rois ou les princes, non pas du nom d'une province, mais de noms pittoresques et fantaisistes, comme : Plein-Chemin, Joli-Cœur, La Verdure, Claire-Voye, Ver-Luisant, Sans-Mentir, Dit-le-Vrai, Gaillardet, ou autres mots plaisants et joyeux.

Il leur incombait de voyager pour s'enquérir de l'ancienneté et de l'illustration des maisons nobles ; ils devaient rechercher l'origine des armoiries, expliquer les motifs historiques ou allégoriques des pièces d'un blason et dresser la généalogie des gentilshommes de la circonscription qui était dévolue à leur juridiction.

Leur cotte d'armes était plus courte que celle des hérauts ; les manches de ces cottes étaient longues, pointues et ouvertes ; ils portaient sur la manche gauche les mêmes armoiries que les hérauts dont ils étaient les assesseurs, mais sans couronnes.

Nous donnons, du reste, d'après Palliot, la représentation exacte des costumes de rois et hérauts d'armes : ces gravures suppléeront à une description qui demanderait à être très minutieuse, pour tous les détails de ces costumes, qui étaient de la plus grande richesse.

DES ÉCUS OU BOUCLIERS.

E blason est toujours figuré dans un *écu,* ou *bouclier,* dont la configuration varie selon les temps et les nations. L'espace compris dans les lignes de l'écu est appelé *champ*.

Le mot écu est tiré du latin *scutum*, bouclier (en forme de parallélogramme) ; les boucliers étaient ordinairement couverts de peaux de bœuf en sept doubles ; ils étaient encore d'airain, de bois ou d'osier.

Les Romains employaient particulièrement des écus de forme ovale ; chaque guerrier faisait graver ou peindre sur son bouclier l'action la plus éclatante qu'il avait accomplie ou l'allégorie qui indiquait le plus clairement sa valeur. Les Lacédémoniens reprochant à Lysandre d'avoir mis sur son bouclier une figure aussi petite qu'une mouche : « J'approcherai si près de l'ennemi, répondit-il, qu'il pourra aisément la distinguer. »

Un bouclier blanc, sans figure caractéristique, était réputé sans honneur.

L'usage du bouclier se perpétua chez tous les peuples ; il était donné, dans un mariage, par l'époux à sa femme, pour lui faire comprendre que, s'associant à sa fortune et à sa destinée, elle devait partager avec lui les travaux et les périls de la guerre et le suivre partout où ses exploits le porteraient. Cette cérémonie était aussi pratiquée pour assurer aux jeunes gens leurs droits de majorité.

Au moyen âge, les gentilshommes portaient des écus de différentes formes :

Le *couché,* le *triangulaire,* l'*échancré,* le *carré.*

L'écu *couché* avait le timbre ou sommet posé sur l'angle gauche ; l'*échancré* était découpé de telle sorte qu'un de ses angles pût retenir la lance dans les combats ; le *triangulaire* était d'usage général, et le *carré* ne pouvait être porté que par les chevaliers *bannerets.*

« Tout seigneur, est-il dit dans les Coutumes du Poitou, qui a comté, vicomté ou baronnie, est fondé par la coutume d'avoir droit de châtel, de châtellenie... et *peut porter bannière,* qui est à dire qu'il peut porter, en guerre ou en armoirie, ses *armes en quarré,* ce que ne peut faire le seigneur châtelain, lequel seulement le peut porter en forme d'écusson. »

Pour obtenir le pouvoir de porter bannière, il fallait avoir acquis cet honneur par une action d'éclat ; cependant la fortune conduisait plus rapidement un chevalier à ce pouvoir éminent, qui lui permettait de commander à mille hommes d'armes.

Il ne faut pas confondre la bannière avec le *pennon* ou *panonceau,* que les seuls écuyers ou gentilshommes portaient, et qui était une longue étoffe flottante à deux pendants, appelée aussi *cornette.*

Depuis les croisades, d'autres formes d'écus ont été employées. Les Français adoptèrent le *pointu,* les Espagnols l'*arrondi,* les Allemands l'écu en *cartouche,* et les Anglais l'écu pointu en bas et aux deux extrémités supérieures. Ces différentes formes sont universellement connues; mais ce que l'on sait moins, c'est qu'il fut attribué aux demoiselles, aux dames veuves et aux abbesses des écussons en forme de losange et entourés d'une *cordelière,* qui signifiait pour les unes leur attachement à la vertu, pour les autres le souvenir de leur

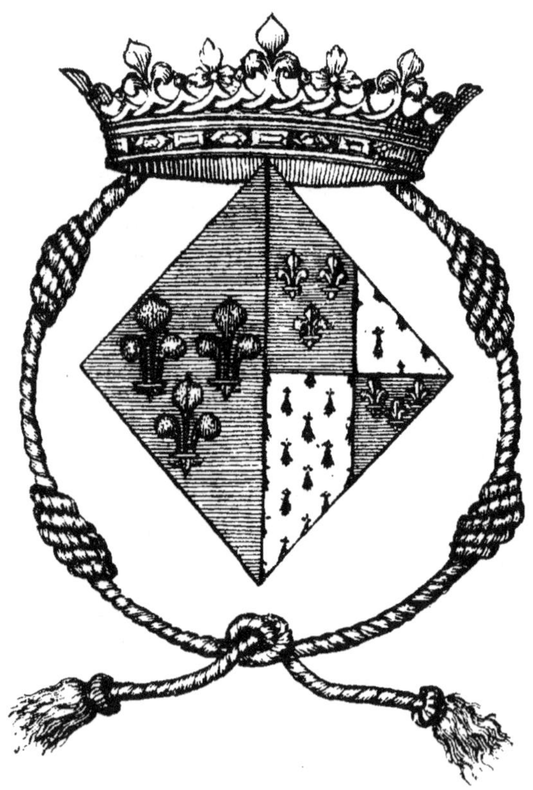

ÉCUSSON DE VEUVE.

Armes de Claude de France, fille d'Anne de Bretagne
et femme de François Ier.

époux, et pour les troisièmes leurs vœux religieux. Nous en reproduisons ci-après la configuration.

L'usage s'établit également, parmi les princesses et dames de haut lignage, de porter, du vivant de leurs maris, des écussons en losange ; mais, pour les distinguer de ceux des veuves et des demoiselles, la cordelière fut remplacée par des palmes, des lauriers et autres plantes.

ÉCUSSON DE DAME, AVEC PALME.
Blason de Marguerite de Lorraine, femme de Gaston, duc d'Orléans.

ÉMAUX :

MÉTAUX, PANNES ET COULEURS.

On a adopté, dès l'origine du blason, pour la peinture des pièces qui devaient le décorer, deux *métaux* : l'*or* et l'*argent ;* deux *pannes* ou *fourrures* : le *vair* et l'*hermine ;* et cinq couleurs primordiales : le *gueules* (rouge), l'*azur* (bleu), le *sinople* (vert), le *sable* (noir) et le *pourpre* (rouge éclatant).

On peut encore ajouter les couleurs qui furent en usage en divers pays d'Europe : le *tanné,* l'*orangé,* le *diapré,* la *sanguine,* et la *couleur de chair* ou *carnation.* Toutefois ces dernières couleurs furent rarement employées dans les armoiries françaises.

Pour représenter sur les écussons les métaux, les pannes et les couleurs, on adopta des signes conventionnels. Ces signes furent, pour la France, des hachures ou raies géométriques, qu'il est nécessaire de bien graver dans sa mémoire, car ils jouent un rôle capital dans la langue héraldique.

L'*or* est représenté par des petits points. La maison de Queux de Saint-Hilaire porte *d'or* à trois hures de sanglier de sable défendues d'argent, posées sur deux et un.

L'*argent* n'a aucune sorte de hachure.

Les Brossin de Meré, originaires d'Anjou, portent *d'argent* au chevron d'azur.

L'*azur* se figure par des traits horizontaux.

La famille Goyer de Sennecourt porte *d'azur*, au chevron d'or surmonté d'une merlette d'argent et accompagné, en pointe, d'un dextrochère de gueules mouvant du flanc senestre, tenant une branche de laurier de sinople.

Le *gueules*, par des traits verticaux.

Les Sohiers, originaires du Cambrésis, portent *de gueules* à l'étoile d'argent.

Le *sinople*, par des traits diagonaux de la pointe droite de l'écu à sa pointe gauche. Cette couleur est assez rare dans les armoiries.

Le *sable* se figure par des traits croisés verticaux et horizontaux.

Les anciens comtes de Gournay portaient de *sable tout plein*.

Le *pourpre,* par des lignes diagonales allant de la pointe gauche de l'écu à la pointe droite, c'est-à-dire dans le sens contraire du sinople ci-dessus représenté.

Cependant, avant l'introduction des hachures, pour représenter les couleurs dans les armoiries, on se servit des lettres capitales de la couleur ou de l'émail pour les désigner. Ce fut le sieur Wolfon qui, le premier, employa les hachures, et cet usage devint universel.

Les *pannes* ou *fourrures,* c'est-à-dire le vair et l'hermine, se représentent dans les armoiries, savoir : *l'hermine,* par un fond d'argent avec un semis de mouchetures de sable.

La famille Compagnon de la Servette (du Bugey) porte semé d'*hermines.*

On dit *contre-hermine* lorsque le fond est de sable et les mouchetures blanches. Les mouchetures du chef de l'écu doivent être entières, et celles des côtés représentées par moitié, à moins que l'écu soit dit *semé* d'hermines, comme pour la famille Compagnon de la Servette.

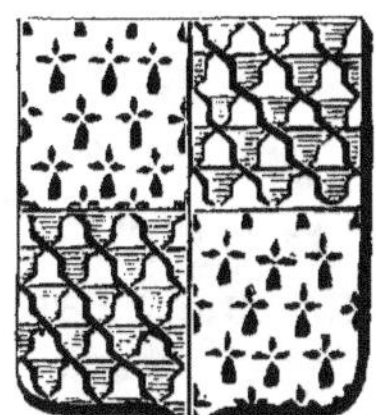

Le *vair* est figuré par des sortes de cloches à bords angulaires, dont les unes sont debout et d'argent, et les autres d'azur et renversées.

Les Testart de la Neuville (d'Artois) portent écartelé d'hermine et de *vair*.

La symbolique des émaux, des couleurs et des pannes n'est pas sans intérêt à connaître au point de vue héraldique.

L'*or* représente la richesse, le courage et la force.

L'*argent* est l'emblème de l'eau, c'est-à-dire de l'innocence et de la pureté.

L'*azur*, c'est l'image du ciel, c'est-à-dire de la justice et de la beauté. Les serviteurs, les princes qui tombaient dans l'indigence, devaient être secourus par les chevaliers qui portaient cette couleur dans leurs armoiries. Les rois de France furent les premiers qui la prirent pour le champ de leur blason.

Le *gueules,* mot qui dérive vraisemblablement de l'hébreu *gulud,* ou peau rouge, symbolise le feu, c'est-à-dire la sagesse et la pureté. La Justice est représentée en rouge dans les peintures antiques ; le costume des cardinaux est rouge, pour exprimer les trois vertus théologales.

Dans les temps féodaux, il était interdit à *oncques* que ce fût de porter des vêtements de couleur rouge ou vermeille, à moins d'appartenir à la justice, à l'Église ou à la noblesse.

Le *sable* veut dire terre, emblème de la douleur et de la prudence.

Jadis les gentilshommes qui portaient cette couleur

étaient tenus de secourir les veuves, les orphelins, les religieux et — qui le croirait? — les poëtes dans le malheur.

Le *sinople* représente la nature dans son éblouissement : champs, bois, prairies et fleurs de la saison printanière, c'est-à-dire l'espérance et la joie, la jeunesse et la vigilance, la grâce et la poésie. Cette couleur est plus commune dans les armoiries italiennes que sur les écus français.

Le *pourpre,* mixtion composée de quatre couleurs qui fournissent un ton d'écarlate merveilleux, symbolise toutes les vertus et toutes les grandeurs. Sa légende est fort belle : elle remonte à Hercule. Le roi de la Thébaïde se promenait un jour au bord de la mer, sur les côtes de la Phénicie. Là, il aperçut un chien qui mangeait un purpure, coquillage fournissant la couleur pourpre (variant de l'écarlate au violet foncé). Frappé de la splendeur de cette coloration, il ordonna la pêche de ces coquillages, et de leur sang, — si l'on peut s'exprimer ainsi, — il fit teindre un manteau royal qui fut offert de sa part à la princesse de Tyr.

Depuis lors, le pourpre devint couleur royale; il fut particulièrement l'emblème de la majesté.

L'*hermine* est un petit animal de la forme d'une belette. La blancheur de sa fourrure est immaculée, l'extrémité de sa queue est d'un noir très brillant. Ces fourrures, tirées d'Asie, étaient fort rares au moyen âge; elles portaient le nom de *peau de Babylone.* Cependant les Français trouvèrent cet animal en Arménie (autrefois *Herminie*); ils lui attribuèrent le nom du pays et le symbole héraldique de loyauté.

Le *vair* a pour étymologie *varus*, animal du genre des petits-gris, dont la peau est tachetée de différentes couleurs. En blason, le vair est toujours blanc et bleu. S'il est d'autres couleurs, on doit lire le blason en exprimant les noms de ces couleurs; sinon, il faut lire : *de vair*, simplement.

Le vair est l'emblème de la persévérance. Nos vieux auteurs héraldistes affirment que les sires de Couci furent les premiers qui prirent ces armoiries, et voici dans quelles circonstances :

Un de Couci, de Picardie, alla faire la guerre aux infidèles. Dans un combat, ses gens furent mis en déroute, ses bannières rompues, prises ou renversées. Pour rallier son monde, il s'avisa d'un signal qui devait remplacer ses bannières. Vêtu d'un manteau couleur écarlate doublé de petit-gris, il l'enleva, le coupa par bandes qu'il attacha à des lances. Ses hommes d'armes s'empressèrent de rejoindre ces nouveaux étendards, et sous leur égide ils remportèrent une victoire complète sur les musulmans. Depuis lors, les descendants de la maison de Couci firent entrer le vair, ou petit-gris, dans leurs armoiries.

Le vair et l'hermine sont appelés *pannes* en blason, parce qu'ils étaient attachés aux étoffes des habits et aux cottes d'armes.

Les métaux, les couleurs et les pannes que nous venons de décrire, et qui sont représentés par des hachures et des signes invariables, forment la base absolue du blason français.

En Europe, d'autres couleurs sont également employées pour les armoiries, et, pour mémoire, nous en donnerons ici une notice sommaire.

Ces couleurs sont, ainsi que nous l'avons déjà dit :

La *sanguine,*

L'*orangé,*

Le *tanné,*

Le *diapré,*

La *carnation.*

La *sanguine,* couleur faite avec de la laque pure, se représente par des lignes diagonales et contre-diagonales qui se rencontrent au centre de l'écu.

L'*orangé* a pour base la mine de plomb, et se représente par des traits verticaux sur lesquels sont des lignes diagonales et contre-diagonales croisetées.

Le *tanné,* mélange de rouge et de noir, se représente de la même manière que l'orangé, à l'exception des traits verticaux.

Le *diapré,* fort usité en Allemagne, se représente par de fines broderies dessinées sur un champ de couleur quelconque.

La *carnation,* ou couleur de chair, se désigne par des lignes nuagées.

RÈGLE GÉNÉRALE.

On ne peut, en blason, *mettre émail sur émail* ni *couleur sur couleur* ; il faut que le champ de l'écu soit d'une couleur ou d'un émail, et la ou les pièces qui y sont représentées d'une autre couleur ou d'un autre émail.

Il y a cependant des exceptions, — très rares, — à cette règle héraldique ; mais, dans ce cas, les armoiries sont appelées *armes à enquerre* (ou *enquérir*), c'est-à-dire qu'il y a lieu de rechercher la cause de l'exception. Ces causes sont très honorables pour les familles ; il nous suffira de citer les armes de Godefroy de Bouillon, appelées aussi « armes du royaume de Jérusalem », et qui sont :

D'argent à une croix potencée d'or, cantonnée de quatre croisettes de même.

Ce furent les paladins français et les princes chrétiens, dit Palliot, qui lui donnèrent ce blason en souvenir de ses dévotes et glorieuses entreprises.

PIÈCES HONORABLES.

La science armoriale est une sorte de langue dont les termes varient à l'infini. Beaucoup de ces termes sont entrés dans le vocabulaire français.

Pour les exprimer, en lisant un blason, il est indispensable de procéder par ordre. Cet ordre consiste tout d'abord à désigner l'émail ou la couleur du *champ* de l'écu, puis on décrit la ou les *pièces honorables* dont nous allons parler ; enfin on mentionne les diverses autres pièces (accessoires) qui accompagnent ou surchargent les pièces principales.

Prenons les armes de la maison de Montmorency pour modèle. On *lira* ainsi :

D'or (champ de l'écu) *à la croix de gueules* (pièce honorable) *cantonnées de seize alérions d'azur* (pièces historiques).

Généralement les pièces accessoires ont ce qu'il est permis d'appeler une *valeur* historique. En ce qui concerne la maison de Montmorency, nous expliquerons l'origine des alérions qui ornent son blason.

Les anciens seigneurs de Montmorency portaient des armes à *enquerre,* comme premiers barons chrétiens : *d'or à la croix d'argent.* Les *alérions* furent ajoutés successivement pour remplir les cantons de cette croix : premièrement, en souvenir de quatre enseignes impériales que Bouchard Ier de Montmorency prit sur les Saxons et les Danois, commandés par l'empereur Othon ; deuxièmement, pour les douze autres alérions, en mémoire de Mathieu II de Montmorency, connétable de France, qui gagna douze enseignes sur l'armée impériale à la bataille de Bouvines. Pendant cette bataille, dit le Féron, la croix de Montmorency, qui était d'argent, fut miraculeusement changée en *gueules.* Les Montmorency adoptèrent dès lors le *gueules* pour cette croix. Leur blason cessa d'être à enquerre, mais il devint l'un des plus glorieux, et toute la chevalerie d'Europe en connut les couleurs et les pièces.

On appelle *honorables* les pièces qui occupent le *tiers* de la surface de l'écu quand elles sont seules. Ces pièces se subdivisent en deux ordres. Celles du premier, que l'on peut appeler très honorables, sont : le *chef*, la *fasce*, la *bande*, la *croix*, le *chevron*, le *sautoir*, la *bordure*, le *pal*, le *pairle* et la *Champagne*. On peut encore y ajouter le *franc quartier*, le *canton*, la *pointe* ou la *pile*, l'*orle*, le *trescheur*, l'*écu en abîme*, le *pairle* et le *gousset*.

Celles du second, moins honorables, sont : l'*enmanché*, les *points équipolés*, l'*échiquier*, l'*échiqueté*, les *frettes* ou le *fretté*, les *losanges* et le *losangé*, les *fusées* et le *fuselé*, les *macles*, les *hameydes* ou *hamaides*, les *rustes*, les *besants*, les *tourteaux* et les *billettes*.

La configuration de ces pièces est empruntée, on le voit, à la géométrie; elles forment la base essentielle de l'art héraldique, tel qu'il était compris au temps des croisades.

Toutefois, pour la plupart des anciens auteurs qui ont traité du blason, la plupart de ces pièces ont des origines symboliques. Le *chef*, par exemple, indiquait une situation des plus élevées dans la chevalerie; le *chevron* voulait dire soutien de la royauté; la *croix* enseignait que la maison qui la portait avait eu un de ses membres aux croisades; le *pal* avait pour étymologie le pieu dont on se servait pour entourer les camps; la *fasce* venait d'une ceinture que les nobles portaient dans les tournois.

C'est ainsi qu'au sujet de la fasce on explique les armes de la maison d'Autriche, *de gueules à la fasce d'argent* : Léopold II, duc d'Autriche, revenant d'un combat contre les infidèles, où il avait manifesté sa valeur par de grandes actions, s'aperçut que sa cotte d'armes, qui était de toile d'argent, était imbibée de sang, à l'exception de l'espace que couvrait son écharpe. Sur l'instance de ses courtisans, il changea les armes de ses ancêtres, qui étaient : *d'azur à cinq alouettes d'or passées en sautoir,* et prit : *de gueules à la fasce d'argent,* en mémoire de ce fait remarquable.

Les pièces honorables des deux ordres reçoivent de nombreux attributs qui se placent dans le sens de ces pièces, ou bien à *dextre* ou à *senestre*. La *dextre* (droite) est à gauche à la vue du blason, et la *senestre* (gauche) est à droite.

CHEF. Les Douglas d'Écosse portent d'argent au cœur sanglant, surmonté d'une couronne royale, au *chef* d'azur chargé de trois étoiles d'argent.

FASCE. La famille Belgodère de Bagnaja porte d'azur et de sable coupé, à la *fasce* d'argent, au chef chargé de trois étoiles d'or et d'un lis en pointe de même.

BANDE. Les Parent du Moiron, en Flandre, portent fascé de 4 pièces argent et azur, à une *bande* d'or brochant sur le tout, chargée de |3 coqs de sable crétés et membrés de gueules.

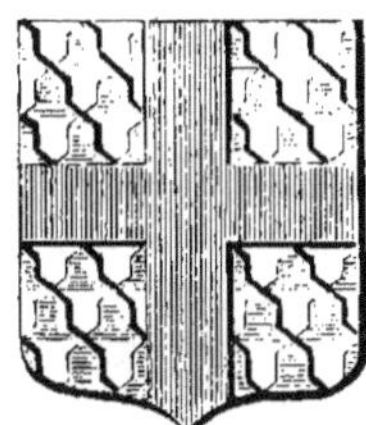

CROIX. La maison de Montrichard porte de vair à la *croix* de gueules.

CHEVRON. Les Payan du Moulin portent d'azur au *chevron* d'or, accompagné de 3 molettes de même.

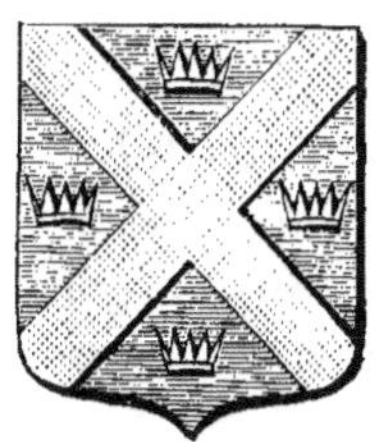

SAUTOIR. Les Champfeu, du Bourbonnais, portent d'azur au *sautoir* d'or, cantonné de 4 couronnes à l'antique de même.

BORDURE. Les Rioult de Neuville portent d'argent à l'aigle éployée de sable, le vol abaissé, à la *bordure* engrelée de même.

Pal. La maison Domec de Morlanne, du Béarn, porte losangé d'or et d'azur à un *pal* d'argent.

Champagne. C'est la contre-partie du chef : celui-ci occupe le tiers *supérieur* de l'écu ; celle-ci le tiers *inférieur*. Cette figure est peu usitée dans les blasons français.

Pour les pièces honorables de second ordre, on en trouvera la description dans le vocabulaire qui termine cet ouvrage.

PARTITIONS.

Le champ d'un blason peut être occupé par des *partitions* ou coupes géométriques. On en distingue quatre principales, au moyen desquelles toutes les autres peuvent être formées.

Ces quatre partitions sont :

Le *coupé*, qui sépare l'écu par un trait horizontal.

Les Besancenet portent *coupé* d'azur à la balance d'argent et or, à deux drapeaux croisés de gueules, transpercés d'une épée de sable en pal.

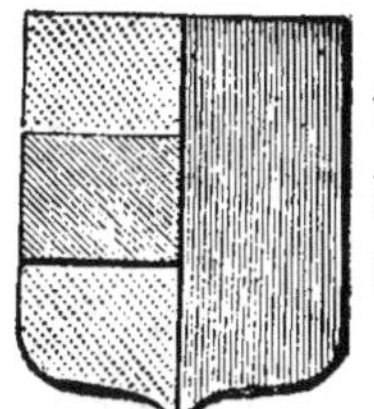

Le *parti,* qui le sépare par un trait vertical. La maison de Balalud de Saint-Jean porte d'or à la fasce de gueules, *parti* de gueules.

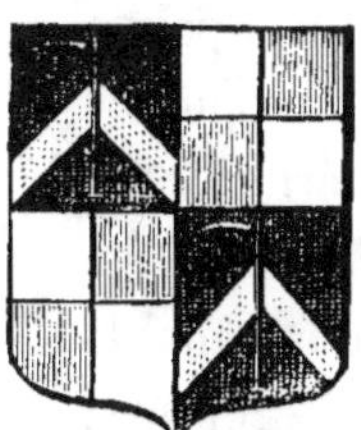

Le parti et le coupé forment l'*écartelé.* La famille Falret de Tuite porte *écartelé* aux 1 et 4, de sable au chevron d'or, à la faulx de gueules brochante sur le tout ; aux 2 et 3, *écartelé* d'argent et de gueules.

Le *taillé,* qui sépare l'écu par un trait diagonal de gauche à droite. Les de Grousseau, du Poitou, portent *taillé* d'argent et de sable, chargé d'une levrette courante de l'un en l'autre.

Le *tranché,* qui le sépare dans le sens contraire, c'est-à-dire de droite à gauche. Le *tranché* et le *taillé* forment l'*écartelé en sautoir.* Les quatre partitions réunies forment une figure que l'on nomme *gironné.*

Les quatre partitions représentent les quatre coups d'épée principaux que les hommes de guerre frappaient dans les combats.

ARMES PLEINES, PURES, SIMPLES ET CHARGÉES.

Les armes *pleines* sont celles qui ne sont chargées d'aucune pièce, mais dont l'émail, la couleur ou la panne sert de tout. Cette dénomination est encore employée pour les armoiries des aînés de famille, qui héritent des armes de leurs ancêtres sans être soumis à la *brisure*.

Les armes *pures* ont des pièces d'une remarquable simplicité, en même temps qu'elles sont en petit nombre ; elles sont considérées comme étant les plus nobles du blason. Elles remontent généralement aux croisades. Les *alérions,* dont nous avons déjà parlé à propos de la famille de Montmorency, sont des armes pures. On croyait, au moyen âge, que les aigles, après avoir traversé les mers, perdaient becs et ongles : d'où un grand usage d'alérions dans les armoiries, les chevaliers tenant beaucoup à prouver qu'ils avaient traversé la Méditerranée pour aller combattre les musulmans. Les *coquilles* et le *bourdon* (bâton à l'usage des pèlerins) furent également très recherchés des nobles pour leurs armoiries.

Les armes *simples* comprennent celles qui, en dehors des pièces honorables, ne sont formées que d'un objet, d'un animal, comme *d'or au lion de sable.*

Les armes *chargées* sont celles qui sont remplies de pièces de divers genres. Elles appartiennent, en général, à des maisons dont la noblesse est postérieure aux croisades. En effet, depuis les croisades, l'usage des armoiries s'étendit de la noblesse militaire à la noblesse civile, ecclésiastique, et les objets les plus variés, les animaux de toute la création, ainsi que les êtres chimériques les plus extravagants, entrèrent dans la composition des armoiries. C'est ce qui a fait dire au P. Menestrier, dans ses *Origines :*

« Les grands événements et les belles actions, la conformité avec le nom, les singularitez de certains pays, les inclinations à certaines choses, les emplois, les fonctions, les dignitez, la dévocion, la nature des fiefs que la noblesse a possédez, la conformité avec les armoiries du prince, les tournois, les pèlerinages, les habits, les devises, les factions, la chasse, la pesche, les bastiments, les croisades, l'origine, les concessions des princes, les vestiges de l'antiquité, les sobriquets, les inventions nouvelles, la disposition des terres et des fiefs, leur situation et pareilles autres choses, sont les causes principales de cette diversité si bizarre des figures que nous voyons dans les armoiries. »

EXEMPLES D'ARMES SIMPLES ET PURES.

I. De Menessez porte : *d'or plein.* — II. De la Barge (Lorraine) : *d'azur plein.*—III. D'Albret (Gascogne) et de Vivier (Languedoc) : *de gueules plein.* — IV. La maison de Bretagne : *d'hermine plein,* ainsi que les familles de Cocagne (Orléanais), de Quinçon (Ile-de-France) et de Saint-Martin. — V. Les de Vaire (Franche-Comté), de Vichy (Bourbonnais), de Gouvis (Normandie, de Flevil

(Lorraine), de Banville (Normandie), de Tresnoy (Bretagne), portent : *de vair plein.*—VI. Les de Trainel (Ile-de-France), de Hames (Flandres), portent : *vairé contre*

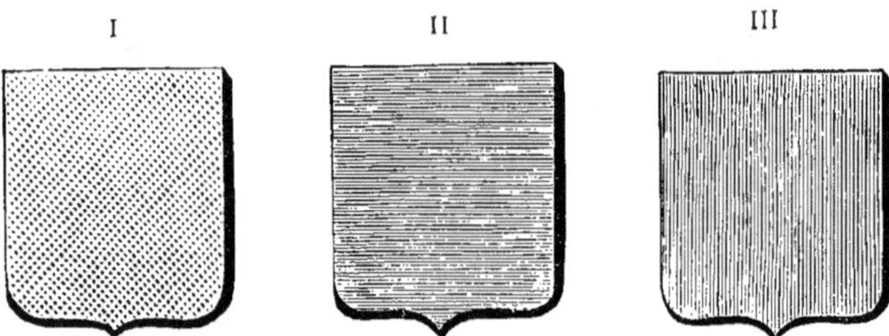

vairé. — VII. Sauveur de la Chapelle porte : *de gueules à la bande d'or.* — VIII. Les de Falempin

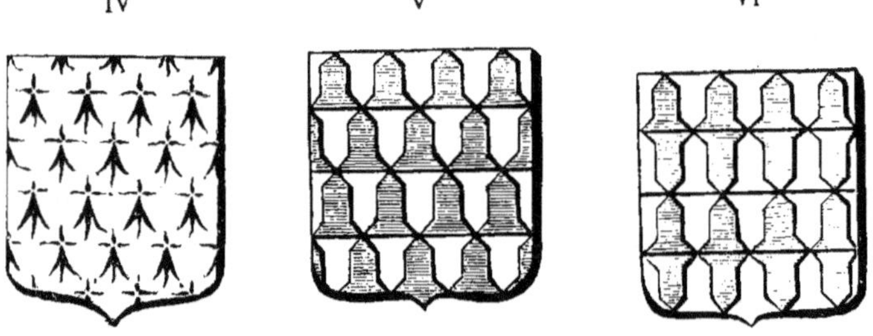

(Flandres), Lille (Flandres), de Vintimille (Provence), d'Anney (Orléanais), de Joussineau (Limousin), de

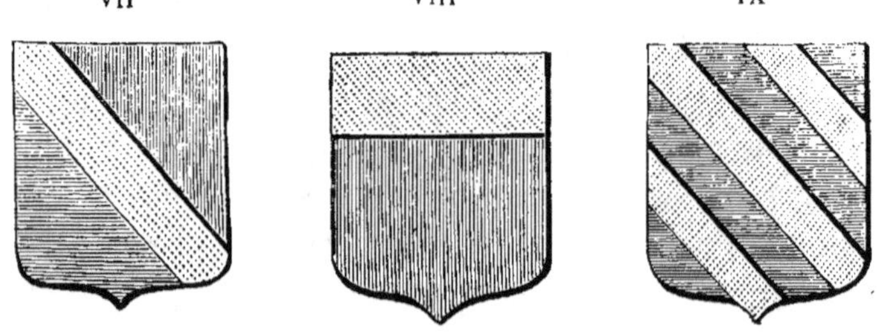

Franqueville (Normandie), portent : *de gueules au chef d'or*. — IX. Les de Lupé (Guyenne), de Barthélemy (Auvergne), de Vitasse (Picardie), La Prunarède

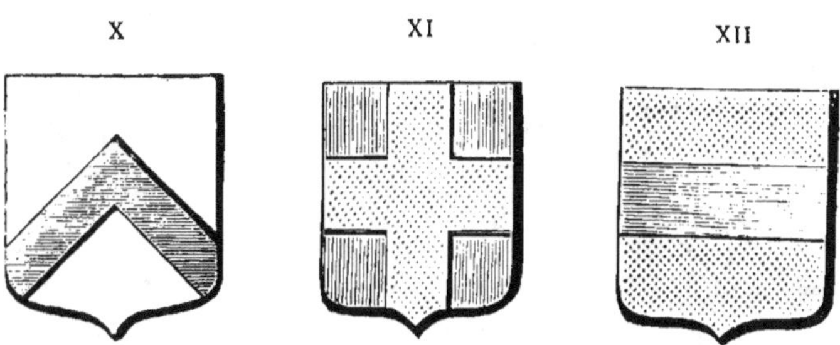

(Languedoc), de Thannois (Champagne), de Gain (Limousin), de Scorailles (Auvergne), de Langourla (Bre-

tagne), de Gaignon (Normandie), d'Aumale (Flandres), d'Azémar (Guyenne), d'Amalby, de Mazurier, de Barri,

portent : *d'azur à trois bandes d'or.* — X. Les Brossin de Méré : *d'argent au chevron d'azur.* — XI. Les de la Porte (Dauphiné), de Tournay-Mortagne, de la Poterie,

XIX XX XXI

 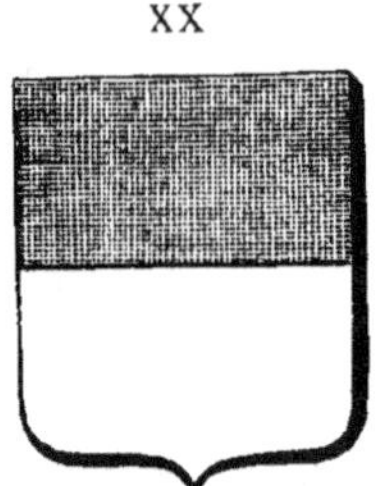 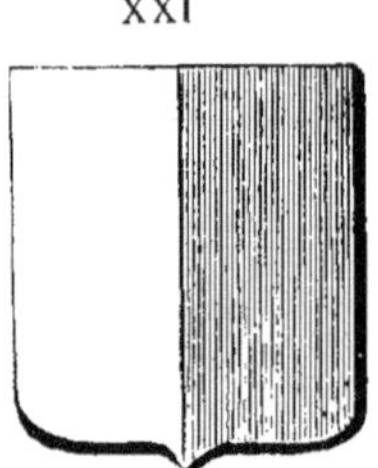

de Varennes (Picardie), de Rougemont, portent : *de gueules à la croix d'or.* — XII. Les de Brassier, de

XXII XXIII XXIV

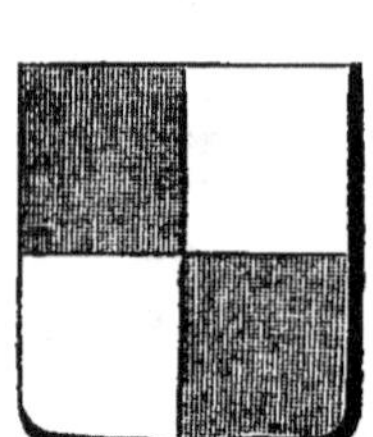  

Penhoët (Bretagne), portent : *d'or à la fasce d'azur.* — XIII. Les de Houel (Normandie), d'Ambroise, portent :

XXV XXVI XXVII

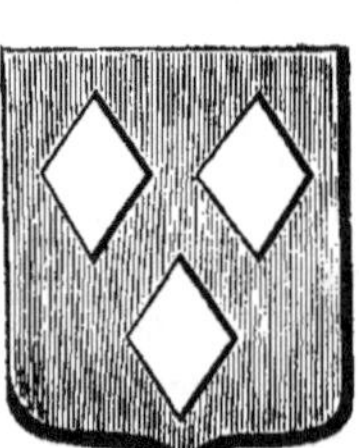  

palé d'or et d'azur. — XIV. Les Andrieu (Gascogne), Oultre (Flandres), Destanhingant (Bretagne), de Brignac, portent : *de gueules au sautoir d'argent.* — XV. Les La Roche de Saint-Hippolyte (Franche-Comté), de

XXVIII   XXIX   XXX

Saint-Priest (Forez), de Gentil (Aunis), portent : *cinq points équipolés d'or à quatre d'azur.* — XVI. Les de Ligniville (Lorraine), de Saint-Amand, portent : *losangé d'or et de sable.* — XVII. Les du Bec portent : *fuselé d'argent et de gueules.* — XVIII. Les Becquet de Cormont portent : *d'argent fretté d'azur.* — XIX. Les Tiengou des Royeries portent : *de sinople fretté d'argent.* — XX. Les de Sacco (Provence) portent : *coupé d'argent et de sable.* — XXI. La ville de Vic porte : *d'argent parti de gueules.* — XXII. Les de Chaugy (Bourgogne), de Kersymon (Bretagne), de Manas (Guyenne), du Saix (Bresse), portent : *écartelé d'or et de gueules.* — XXIII. Les d'Argué (Bourgogne) portent : *de gueules à une étoile d'or.* — XXIV. Les Berenger du Gua (Dauphiné) portent : *gironné d'or et de gueules.* — XXV. Les de Champion (Normandie) portent : *de gueules à trois losanges d'argent.* — XXVI. Les de Longpérier (Soissonnais) portent : *d'azur à trois ma-*

cles d'or. — XXVII. Les de Bel (Normandie), de Bal-
leur, portent : *d'azur à trois besants d'argent.* — XXVIII.
Les Hebert (Normandie) portent : *d'azur à trois grenades d'or ouvertes de gueules.* — XXIX. Les d'Albareil
(Guyenne), de La Mothe (Poitou), de Marchant, portent : *d'azur à trois roses d'or.* — XXX. Les de Luber-
sac (Limousin) portent : *de gueules au loup d'or.*

BRISURES.

La *brisure* est une *variante* dans les armoiries fonda-
mentales d'une maison. Il est de la plus haute importance, en blason, de bien connaître les brisures, afin de
pouvoir déterminer exactement à quel membre d'une
famille appartient un blason brisé.

On n'est pas d'accord sur l'origine de l'emploi des
brisures. Quelques écrivains en font remonter l'usage au
règne de saint Louis. Philippe-Auguste ordonna que les
enfants de France devaient écarteler, en se mariant, les
armes de France avec celles de leurs femmes, ce qui est
une véritable brisure. La brisure a donc pour point de
départ la nécessité de distinguer les membres d'une
famille entre eux, les aînés devant garder les armes pleines
de leur lignée.

La brisure se fait en changeant les pièces de position,
en en ajoutant de nouvelles ou en en retranchant, ou
bien encore en changeant la couleur ou l'émail d'une
pièce, en se servant de partitions ou d'écartelures et en
modifiant le cimier de l'écu.

Les cadets et les puînés des maisons nobles avaient le libre arbitre de choisir les brisures à leur fantaisie, sans cependant sortir des règles primordiales de l'art héraldique. Les ecclésiastiques avaient le droit de conserver les armes de l'aîné de leur famille, attendu qu'après eux ils ne laissaient pas de postérité. Les enfants des puînés devaient aussi briser les armes, ce que l'on nommait *double brisure*. Les chevaliers de Malte portaient en chef, pour brisure, les armes de cette religion.

Une bordure dentelée, chargée, était une sous-brisure.

Les bâtards ne pouvaient porter les armes de leur père, ou, s'ils en avaient obtenu l'autorisation, on ajoutait à leurs armes des pièces propres à faire reconnaître leur illégitimité. Ces remarques se reconnaissent assez facilement, puisque toute pièce posée à gauche est un signe de brisure.

La *barre,* le *bâton péri en bande,* le *casque à senestre* (gauche), sont des signes de bâtarderie. Jean, comte de Dunois, bâtard d'Orléans, portait *d'azur à trois fleurs de lis d'or, au lambel d'argent, à un filet de sable posé en barre, brochant sur le tout.* Charles VII, pour le récompenser de son courage, lui permit de porter ce *filet* d'argent passé en *bande.*

Les aînés des familles avaient le droit de contraindre leurs puînés à briser leurs armes.

On distinguait les brisures en *honorables* et *moins honorables.* Le *lambel à un, deux, trois, quatre et cinq pendants,* la *bordure,* le *franc-quartier,* la *cottice,* le *bâton péri* et le *filet* étaient honorables ; toutes autres pièces l'étaient moins. Les d'Orléans, branche puînée des Bourbons, portaient le lambel.

Il est un autre genre de *brisure* que l'on peut appeler déshonorant. Les lois de l'ancienne chevalerie étaient inflexibles pour les actions lâches et indignes de la noblesse. Tout gentilhomme coupable d'un crime contre l'honneur et la loyauté était déclaré infâme ; ses armes étaient rompues publiquement et traînées à la queue d'un cheval, dans la boue.

Jean d'Avesne et Guillaume de Bourbon, seigneur de Dampierre, tous deux fils de Marguerite, comtesse de Flandres (le premier du premier lit, le second du deuxième), étaient en désaccord sur une question relative au comté de Flandres. Ils en appelèrent au jugement de saint Louis. Jean d'Avesne, ayant accusé sa mère de favoriser son frère, s'emporta contre elle et l'insulta. Le roi, indigné d'une telle impudence, condamna le fils insolent à porter désormais dans ses armes le lion *mort-né,* c'est-à-dire sans griffes et sans langue, au lieu du lion lampassé et armé qui était son blason.

Cette sorte de brisure n'a pas été souvent employée.

ARMOIRIES DE DIFFÉRENTS GENRES.

On distingue, en blason, les armes parlantes, de succession, d'alliance, de concession, de dévotion, de dignités, de communauté, de fiefs, d'inclination, de patronage, de prétention et de souvenir.

ARMES PARLANTES.

Ce sont celles qui annoncent le nom de la famille qui les porte. Elles n'ont rien de bien glorieux, sauf quelques exceptions, comme les de Mailly, qui portent des *maillets;* les de Chabot, des *chabots;* les de Virieu, des *vires.*

Les de Clermont, de la maison de Clermont-Tonnerre, portaient primitivement une *montagne d'argent surmontée d'un soleil d'or.* Ce blason parlant fut changé en 1120 par des *clefs d'argent* dans des circonstances dignes d'être mentionnées ici.

Eymard II de Clermont chassa de Rome l'antipape Bourdin, et mit fin au schisme suscité par Henri V, empereur d'Allemagne. Le pape Pascal II étant mort en 1117, le conclave élut Gélase II, qui mourut en France, à l'abbaye de Cluny, en 1119. Les cardinaux de sa suite élevèrent à sa place Calixte II; mais il fallait le porter à main armée sur le Saint-Siège, malgré l'opposition du plus puissant monarque de la chrétienté.

Eymard de Clermont appela à la guerre sainte ses amis et ses vassaux, et, joignant à cette petite armée, levée à ses frais, celle du comte de Bourgogne, frère du nouveau pape, il battit les troupes de l'empereur, entra dans Rome au mois de mai 1120, où il établit Calixte II sur le siège pontifical. En récompense de ce fait, il lui fut octroyé, pour lui et ses descendants, le droit de porter dans ses armes *de gueules à deux clefs d'argent passées en sautoir,* avec la tiare papale pour cimier et cette belle devise : *Si omnes te negaverint, ego te nunquam negabo* (Si les autres te renient, je ne te renierai jamais).

ARMES DE SUCCESSION.

Celles qui se transmettent aux héritiers d'un nom. En fut-il de plus illustres que celles qu'Alphonse Henriquez Ier, roi de Portugal, laissa à sa descendance? Après avoir vaincu cinq rois mores à la bataille d'Ourique, en 1139, il prit pour armes cinq écus qui furent posés en croix et chargés chacun de cinq besants, en souvenir de cinq bannières et de cinq blessures qu'il avait reçues dans la mêlée. Ce blason n'a pas varié depuis cette époque.

ARMES D'ALLIANCE.

Ce sont celles que les familles prennent pour marquer les alliances qui se font par les mariages. Elles se portent 1° en accolant les deux blasons du mari et de la femme, celui du mari à dextre (droite); 2° en écartelant. La plupart des grandes familles écartelaient toutes les alliances qui pouvaient rehausser l'éclat de leurs noms, et cet usage n'est pas tombé en désuétude.

ARMES DE CONCESSION.

Ces sortes d'armes sont des plus glorieuses pour les familles, car elles n'ont presque jamais été accordées, par les premiers souverains, qu'à des gentilshommes renommés pour leur héroïsme ou pour leurs vertus. Nous citerons quelques exemples. Les d'Estaing portent les armes de France en chef de leur écusson, parce qu'un d'Estaing combattit près de Philippe-Auguste à la bataille de Bouvines. Au plus fort de la bataille, le roi fut terrassé ; il allait succomber sous le nombre des ennemis, lorsque d'Estaing s'élança seul à son secours et le sauva.

Un cadet de la maison d'Anglure, fait prisonnier aux croisades, fut conduit au sultan Ibrahim, qui non seulement lui rendit la vie sauve, mais encore le prit en amitié jusqu'à lui offrir sa sœur en mariage. D'Anglure refusa. Ce mariage l'eût contraint à embrasser l'islamisme ; il offrit une forte rançon pour sa liberté, et proposa au sultan de le laisser revenir en France chercher le prix de cette rançon. Ibrahim eut confiance dans la parole du gentilhomme croisé, et cette confiance ne fut pas trompée. D'Anglure, dès son retour au pays natal, réunit les sommes nécessaires pour dégager sa parole ; il retourna en Orient. Le sultan, touché de tant de loyauté, refusa la rançon, et depuis lors la maison d'Anglure ajouta à chacun des grelots de son blason un croissant de gueules.

ARMES DE DÉVOTION.

Ce sont des armes de concession, mais avec cette différence qu'elles n'étaient acquises que pour actions d'éclat en faveur de la religion. Les patenôtres ou chapelets, les couronnes d'épines, les diadèmes des saints, sont des armes de dévotion qui rappellent toujours des faits religieux.

De Maupoix-Baudran, l'un des preux qui accompagna saint Louis en Terre sainte, fut chargé par le roi de rapporter à Paris la couronne d'épines de Jésus-Christ pour être déposée dans l'église de Notre-Dame. Ce fut pour cette raison que la maison de Maupoix reçut, comme récompense, les armoiries *d'argent à cinq couronnes d'épines de sable.*

ARMES DE DIGNITÉS.

Ces armes sont spéciales pour les titulaires des dignités ecclésiastiques et des dignités séculières. On les reconnaît plus particulièrement par les ornements extérieurs de l'écu, ornements dont nous parlerons bientôt.

ARMES DE COMMUNAUTÉ.

Ces armes sont celles des républiques, villes libres, cours souveraines, églises, chapitres, confréries, ordres religieux et militaires.

ARMES DE FIEFS.

Blason des seigneuries que les nobles écartelaient avec leurs armoiries.

ARMES D'INCLINATION.

Les gentilshommes qui ne pouvaient porter des armes historiques choisirent pour leurs blasons des pièces qui se rapportaient à leurs prédilections pour la chasse, la pêche, la guerre, etc.

ARMES DE PATRONAGE.

Elles étaient surtout celles des villes à qui le prince accordait l'honneur d'ajouter en chef les armes royales. Exemple : Paris.

ARMES DE PRÉTENTION.

Celles des domaines, principautés ou royaumes sur lesquels les princes prétendaient avoir des droits et qu'ils écartelaient avec les leurs. Les rois d'Angleterre ont ainsi porté les armes de France; les rois de Sardaigne conservèrent de cette sorte les armes de Chypre, à raison de l'alliance de **Louis** de Savoie avec Charlotte, princesse de Chypre.

ARMES DE SOUVENIR.

Appartiennent, en général, à la catégorie des armes enquérantes dont nous avons précédemment parlé.

ORNEMENTS EXTÉRIEURS DE L'ECU.

Nous avons indiqué aussi sommairement que possible les points essentiels qu'il importe de connaître pour bien apprécier ce que nous appellerons l'économie historique du blason, c'est-à-dire des écus, des émaux, couleurs, pannes, pièces honorables, partitions et différentes sortes d'armoiries.

Il convient maintenant d'appeler l'attention du lecteur sur l'importance *ancienne* des ornements extérieurs de l'écu.

Ces ornements sont de différents genres et pour la plupart exclusifs à certains personnages, à certaines familles.

On peut les classer, d'après Ménestrier, dans l'ordre suivant :

1º Timbres : casques, heaumes.

2° Bourlets.

3° Lambrequins.

4° Cimiers.

5° Couronnes.

6° Supports.

7° Tenants.

8° Pavillons et manteaux.

9° Cordelières, guirlandes et colliers de chevalerie.

10° Cris et devises.

11° Marques de dignités.

Ces divers ornements étaient soumis à des règles aussi absolues que les pièces héraldiques de l'intérieur de l'écu. De nos jours on fait un usage immodéré de ces ornements, et la fantaisie a remplacé la règle.

TIMBRES.

Le mot *timbre* se dit universellement de tout ce qui sert à couvrir le haut de l'écu des armoiries. La tiare est le timbre papal; le chapeau rouge, celui des cardinaux; la mitre et la crosse, le timbre des évêques; le mortier de toile d'or rebrassé d'hermine, celui des chanceliers; les mortiers de velours noir, ceux des présidents à mortier.

Le casque est le timbre des gentilshommes de noblesse militaire. Il est à grilles. Le heaume est le casque antique fermé, avec des trous ou une visière pour respirer, pour servir à la défense de la tête. C'était le prix qu'on offrait, dans les tournois, aux tenants victorieux, tandis que l'épée était donnée à l'assaillant vainqueur.

Il faut observer au sujet du timbre sa *matière,* sa *forme* et sa *situation.* Les timbres des souverains étaient d'*or,* ceux des grands seigneurs et des princes d'*argent,* ceux de la noblesse ordinaire d'*acier poli.* Leur forme était, pour les rois, *ouverts;* pour les princes et les nobles, à divers nombres de grilles, selon le rang des personnes, ce que nous allons définir.

Autrefois, dit un auteur, la plus petite pièce dans les armes, le plus petit rien, cachait une grande maxime. Celui, par exemple, qui par son mérite était nouvellement anobli, portait le *casque* d'acier ou de fer reluisant, *posé en profil, avec le nasal et l'éventail un peu ouverts.*

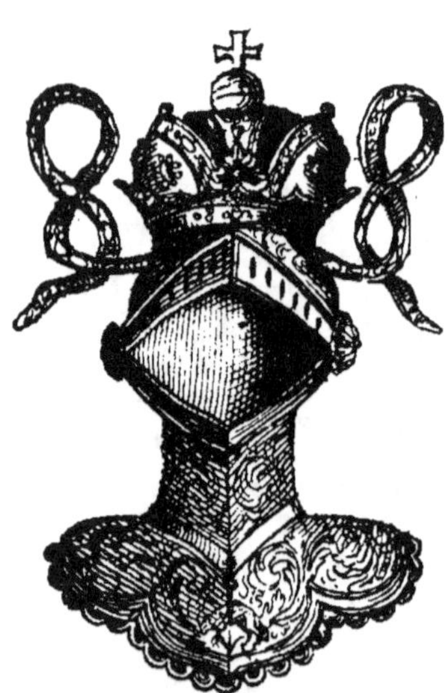

CASQUE D'EMPEREUR
ouvert.

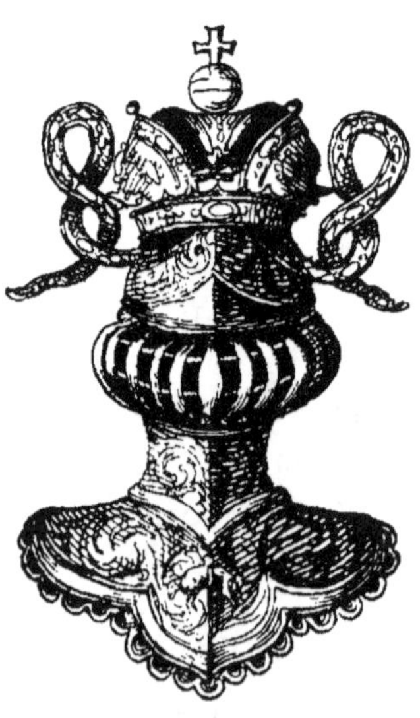

CASQUE D'EMPEREUR
fermé de onze grilles.

Par là, on lui apprenait qu'il était le premier de sa race et qu'il se devait à lui-même de ne rien voir dans les actions d'autrui, et d'obéir d'abord jusqu'au jour où il saurait vraiment commander.

Noblesse oblige, telle devait être la règle de sa conduite.

ROIS DE FRANCE.
Casque ouvert.

ROIS DE FRANCE.
Casque fermé de onze grilles.

L'ouverture des casques des empereurs, rois et princes souverains, signifiait que ces hauts personnages devaient tout voir pour bien guider leurs peuples. Seuls, les monarques pouvaient mettre onze grillages pour fermer leurs casques, lorsqu'ils le voulaient ainsi.

L'ouverture du casque était un peu moins grande que

AUTRES ROIS.
Casque ouvert.

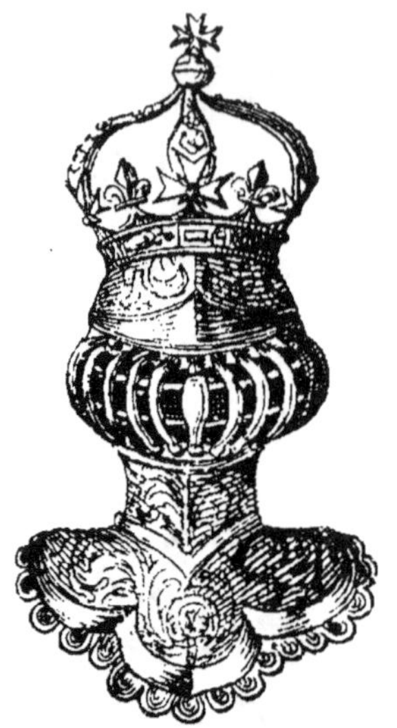

AUTRES ROIS.
Casque fermé avec onze grilles.

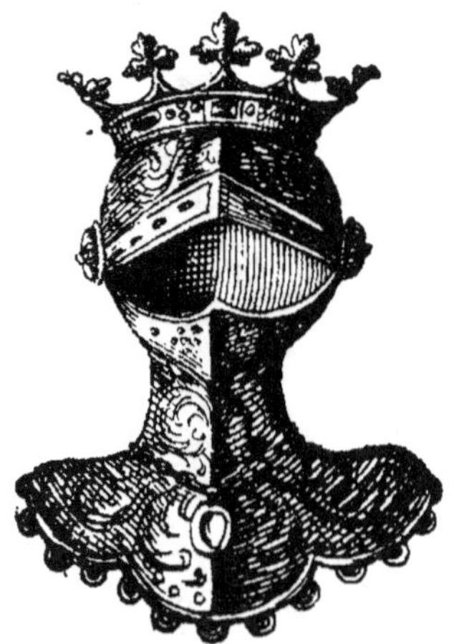

PRINCES ET DUCS SOUVERAINS.

pour les empereurs et les rois, pour indiquer que leur
puissance était inférieure.

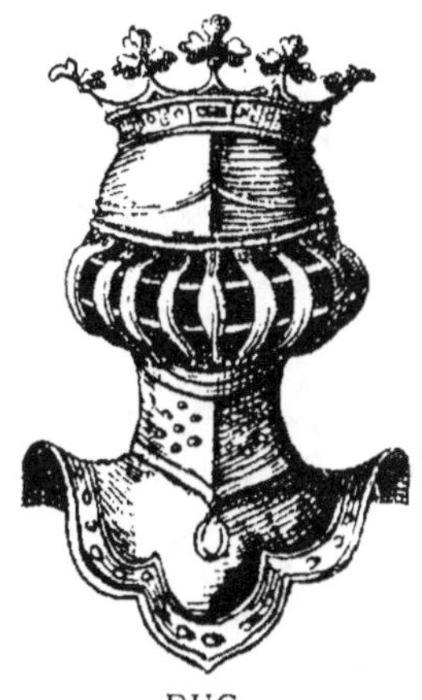

DUC.

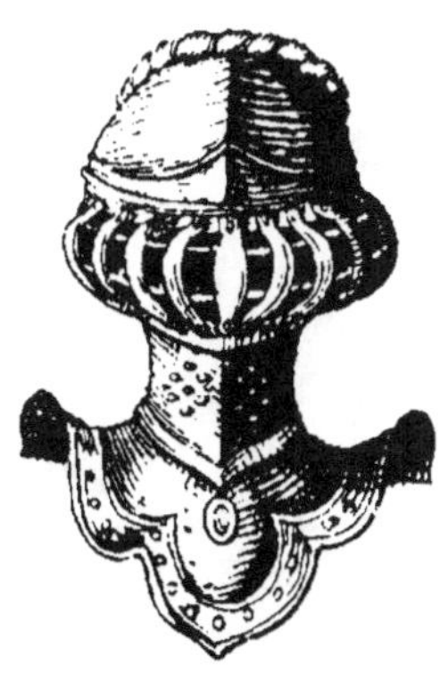

CONNÉTABLE.

Les princes et ducs non souverains, les connétables,
maréchaux, amiraux, généraux d'armée, gouverneurs de

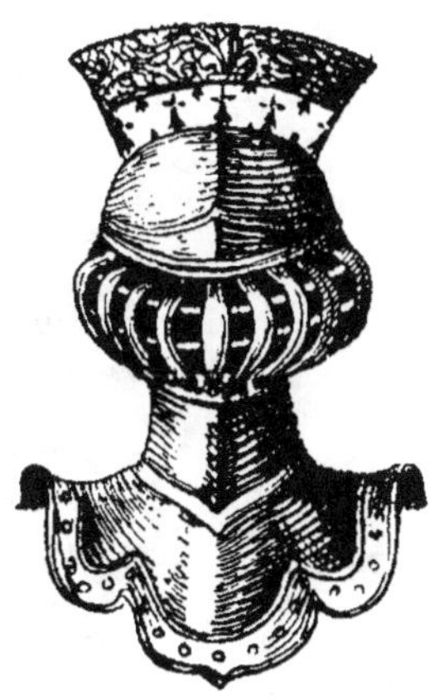

CHANCELIER.

provinces et chanceliers, portaient le casque taré de front, à neuf grilles.

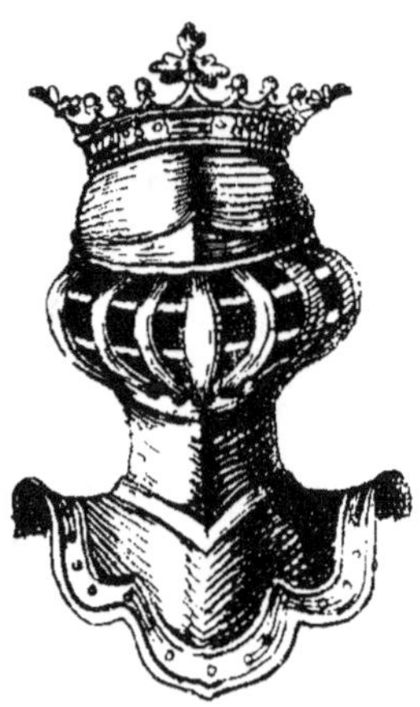

MARQUIS.

Les marquis ont parfois porté le casque à onze grilles; mais la règle générale est de sept, comme ci-dessus.

COMTE.

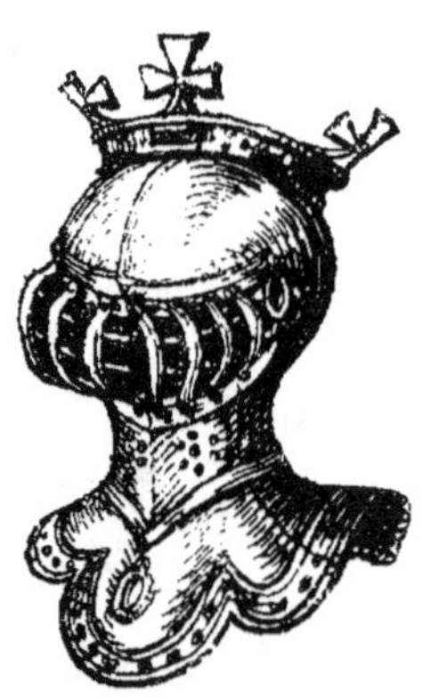

VIDAME.

VICOMTE.

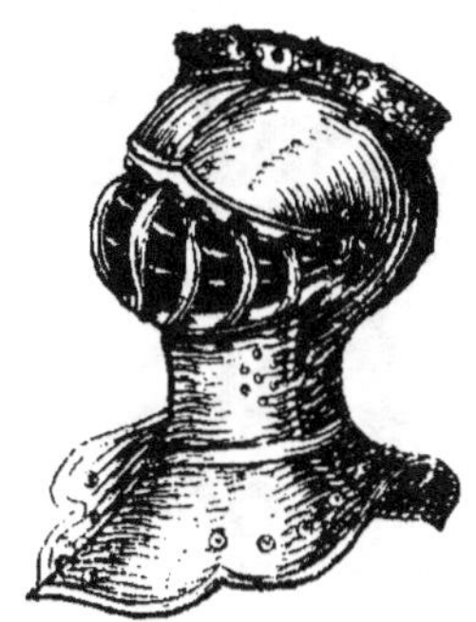

BARON.

GARDE DES SCEAUX.

COLONEL.

CHEVALIER
Ayant droit de justice.

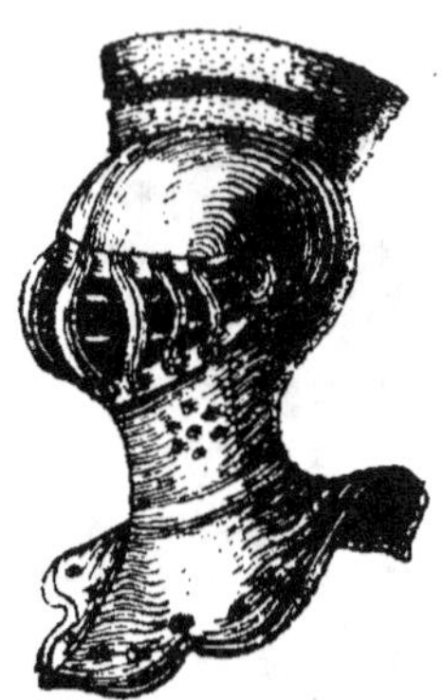

PREMIER PRÉSIDENT.

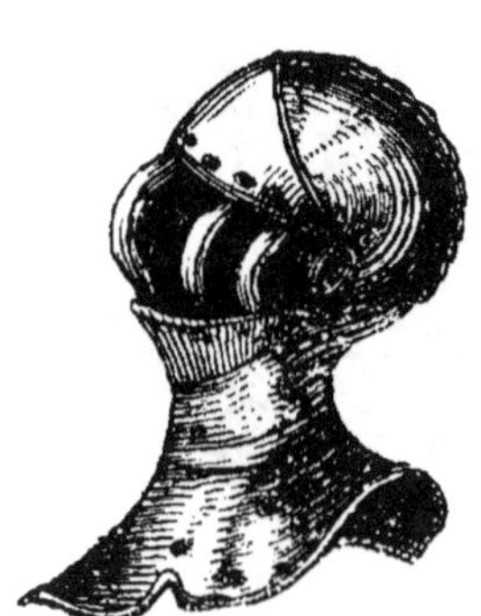

GENTILHOMME.

Le gentilhomme qui prouvait trois quartiers généalogiques, tant paternels que maternels, portait un *casque* posé ou *taré* (expression héraldique), *de profil, la visière ouverte, le nasal relevé et l'éventail baissé, montrant trois grilles à la visière,* pour indiquer ses trois degrés de noblesse.

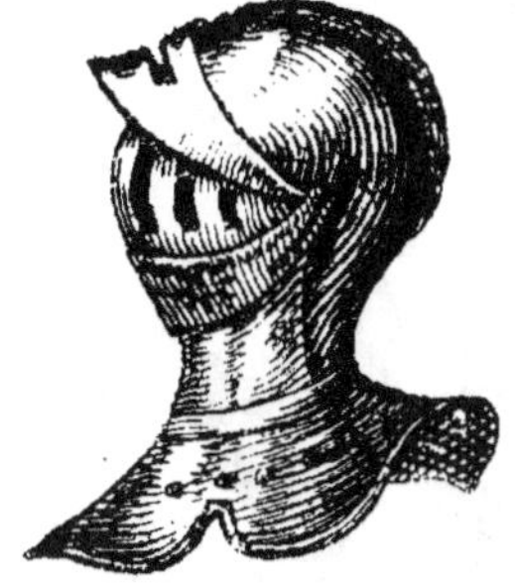

CHEVALIER.

Le casque d'un chevalier *était d'acier poli, taré moitié de profil, moitié de front, et montrait cinq grilles*. Il était parfois sommé d'un bourrelet aux couleurs de son écu ou à celles de la dame de ses pensées.

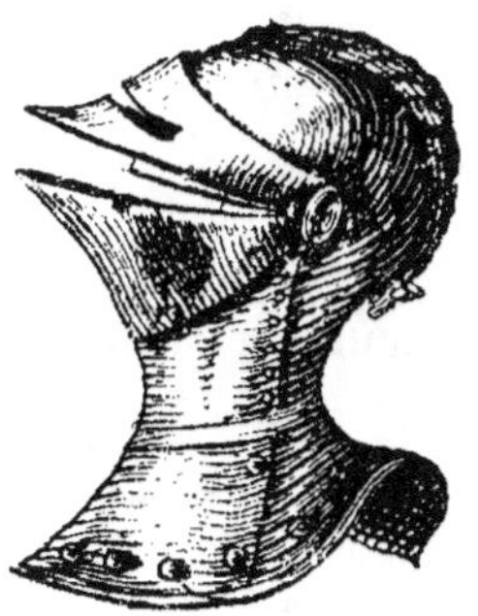

ÉCUYER.

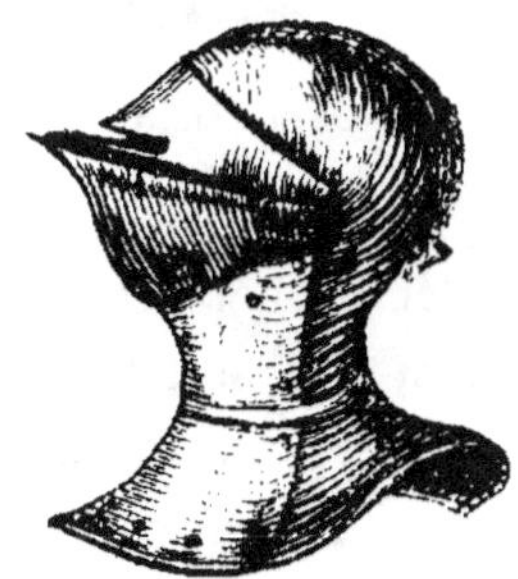

ANOBLI.

Les nouveaux anoblis, dit Palliot, soit par armes, par office ou par finances, devaient porter la visière close et abattue, non seulement pour se distinguer des écuyers, mais encore pour montrer qu'ils devaient obéir en silence, comme étant les premiers de leurs races.

Les officiers de guerre non gentilshommes pouvaient porter, au lieu de heaume, « un hausse-col et une pique passée par dedans, mise en pal ».

Casque de bâtard.

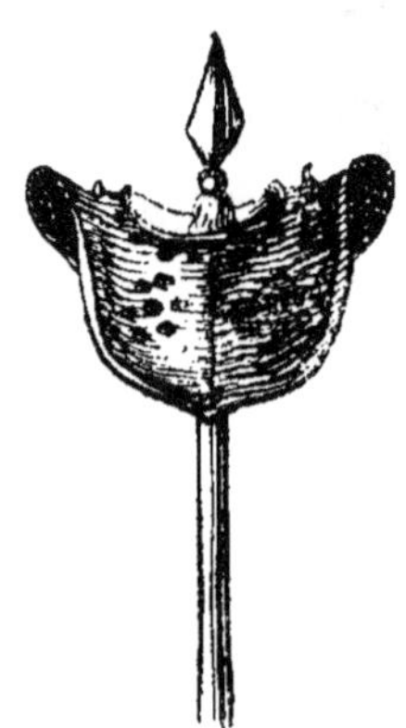

Officier.

Pour décrire héraldiquement les heaumes, casques, on le fait ainsi qu'il suit :

Le casque d'un baron est d'*argent, liséré d'or, taré comme celui des chevaliers, à sept grilles et chargé d'un cercle d'or, environné du bourrelet de perles* dénommé *bonnet de baron.*

Les comtes, vicomtes et vidames portent un casque d'*argent, taré des deux tiers, à sept grilles d'or et sommé de la couronne de vidame, de vicomte ou de comte.*

Le casque des marquis est d'*argent damasquiné, taré de front, à sept grilles d'or, liséré de même et supportant la couronne de marquis.*

Les princes et les ducs portent le casque d'or *damas-*

quiné, *taré de front, la visière demi-ouverte et sans grilles,*
avec couronne de duc ou de prince.

Le casque royal ou impérial se dit d'or, *brodé et damas-*
quiné, taré de front, la visière entièrement ouverte, ne laissant voir aucune grille.

En Allemagne, le casque est la principale marque de
noblesse; on y multiplie les casques pour la distinction
des fiefs.

BOURRELETS.

Sorte de livrée que les chevaliers portaient aux tournois, et que les dames attachaient elles-mêmes aux
casques des combattants. Le bourrelet était un *tortil* de
rubans rempli de bourre et tourné en rond comme une
corde. On y attachait les

LAMBREQUINS

qui devaient suivre les émaux des armes. Les lambrequins, que l'on représente aujourd'hui comme des feuilles
d'ache tombant de chaque côté de l'écu, étaient une
sorte de manteau ou couverture destinée à préserver les
casques de la poussière et de la rouille. Selon qu'ils
étaient mutilés, soit par les coups d'épée, soit par les
coups de lance, on augurait bien ou mal de celui qui les
portait.

On attachait aussi aux casques des *volets,* rubans qui
flottaient au vent et que les *belles* offraient à leurs servants.

Il ne faut pas confondre les *volets* avec les *vols* : si les premiers avaient un motif de galanterie chevaleresque, les seconds indiquaient le nombre des batailles auxquelles un gentilhomme avait assisté.

CIMIERS.

« Le cimier, dit Menestrier, est l'ornement du timbre, comme le timbre est celui de l'écu ; il est la pièce la plus élevée sur la tête du cavalier ; il tire son nom de l'assiette qu'on lui donne, comme nous donnons celui de cime à l'éminence d'une montagne. »

Les cimiers étaient des animaux, des êtres fantastiques, des plumes, des pièces héraldiques, sauf les pièces dites *honorables,* reproduites du blason des familles. Ils servaient tantôt à indiquer les diverses branches d'une maison, tantôt à marquer la faction à laquelle on appartenait au point de vue politique, tantôt à conserver le souvenir d'un fait curieux.

La maison de Lusignan, qui descend, selon la chronique, d'une magicienne Mélisende, dont on a fait, par corruption, Mélusine, portait une Mélusine en cimier.

« J'ai, dit Brantôme, ouï dire à un vieux morte-paye, il y a plus de quarante ans, que, quand l'empereur Charles-Quint vint en France, on le passa par Lusignan pour la délectation de la chasse des daims qui étoient là dedans, un des beaux et curieux parcs de France, à très grande foison ; qu'il ne put se soûler d'admirer et de louer la beauté, la grandeur et le chef-d'œuvre de cette maison, et faite, qui plus est, par une belle dame, de laquelle il s'en fit faire plusieurs contes fabuleux, qui sont là fort communs, jusqu'aux vieilles femmes qui lavoient la lessive à la fontaine, que la reine Catherine de Médicis voulut interroger et ouïr.

« Les unes lui disoient qu'elles la voyoient quelquefois venir à la fontaine pour s'y baigner, en forme d'une très belle femme et en habit de veuve ; les autres, qu'elles la voyoient, mais très rarement, et ce le samedi après vêpres, se baigner à moitié le corps d'une très belle dame, et l'autre moitié de serpent ; celles-ci, que, quand il devoit arriver quelque désastre au royaume ou changement de règne, ou mort et inconvénient de ses parents, les premiers de la France, et fussent rois, que trois jours avant on l'oyoit crier d'un cri très aigu et très formidable par trois fois. On tient celui-ci pour très vrai. »

Palliot rapporte une autre origine de *cimier* des plus étranges. La maison de Kyssaba, en Pologne, porte, comme cimier, huit *têtes de chiens :*

« Les de Kussala descendaient d'un meunier qui fut anobli par un seigneur de Silésie. Sa femme, ayant accusé d'adultère l'une de ses sujettes qui était accouchée de trois enfants, en fut punie, car elle devint elle-même enceinte, et d'une seule « ventrée » elle mit au monde neuf enfants. Honteuse, elle commanda à la sage-femme d'en noyer huit. Celle-ci obéit ; mais, dans l'exécution de cet ordre barbare, elle eut occasion de rencontrer le mari, qui s'enquit de ce qu'elle portait.

« Ce sont des chiens, » dit-elle. Il voulut les voir, et reconnut le mensonge. La sage-femme lui déclara alors toute la vérité. Le seigneur de Silésie donna les enfants à nourrir à un meunier, qui s'en acquitta avec fidélité. En récompense de son dévouement, le meunier fut anobli, avec obligation par lui et ses descendants de porter en cimier huit têtes de chiens. »

COURONNES.

Le mot *couronne*, disent la plupart des auteurs qui ont traité de l'art héraldique, vient du mot *corne*. L'histoire sainte et l'histoire profane apprennent que les personnes qui étaient revêtues de certaines dignités portaient des cornes, ou du moins un bonnet en forme de corne : *Cornu ejus exaltabitur in gloria,* dit le Psalmiste. C'est pourquoi Moïse est représenté avec deux rayons en forme de cornes sortant de son front.

Les couronnes des premiers Césars étaient de laurier. Les Romains qui avaient obtenu l'honneur du *triomphe,* soit de l'ovation, qui était la récompense des généraux, soit le grand triomphe, qui s'accordait aux capitaines ayant gagné une bataille, eurent droit à cette couronne. La couronne faite de branchage de chêne était dévolue aux récompenses civiques. Cicéron en fut gratifié.

Il y eut encore, dans les temps antiques, la couronne *murale,* la couronne *vallaire* et la couronne *navale.*

On ne manqua pas, au moyen âge, d'approprier les couronnes aux armoiries. Charles VIII, roi de France, adopta le premier une couronne formée de huit demi-

COURONNE IMPÉRIALE.

COURONNE DES ROIS DE FRANCE.

diadèmes sommés d'un lis. Les dauphins, fils aînés des

COURONNE DU DAUPHIN DE FRANCE,
Formée de quatre diadèmes.

rois, retranchèrent quatre diadèmes; les autres reçurent

COURONNE
des fils puinés de France.

la forme de dauphins. Les enfants de France autres que

COURONNE
des princes du sang royal.

les dauphins n'en portèrent aucun, mais ils prirent les lis pour fleurons. Les princes du sang royal alternèrent ces lis de quatre feuilles d'ache.

Les nobles mirent en usage les couronnes suivantes, selon les titres des familles :

DUCS.

Les *ducs* prirent un cercle d'or chargé de pierreries, fleuronné de huit feuilles d'ache.

MARQUIS.

Les *marquis*, même cercle, avec fleurons de quatre feuilles d'ache alternant des groupes de trois perles.

COMTES.

Les *comtes,* même cercle, surmonté de grosses perles.
Les *vicomtes,* même cercle, avec quatre perles.

VICOMTES.

Les *vidames,* même cercle, avec quatre croix pattées,

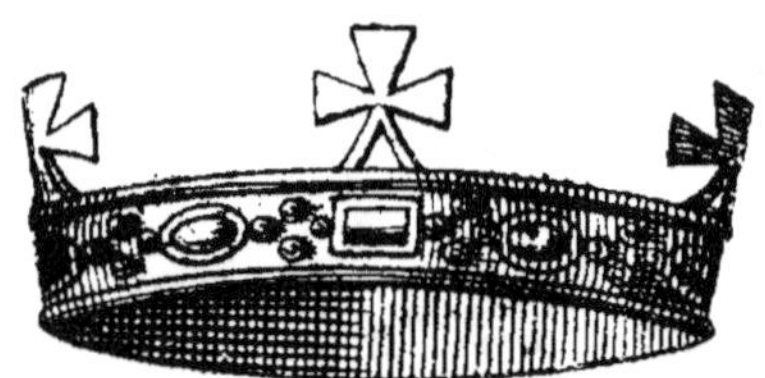

VIDAMES.

pour désigner qu'ils ont été établis afin de soutenir les droits de l'Église.

Les *barons,* un bracelet d'or entouré, sous forme de tortil, de perles et de pierreries.

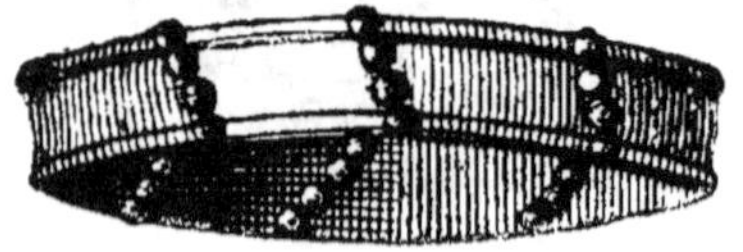

BARONS.

Les *chevaliers* ne portaient pas de couronnes.

« Ces couronnes, dit Palliot, ne sont pas tant à présent des marques d'ancienne noblesse que des dignités et titres, des terres qui sont possédées par les particuliers, d'autant qu'une personne n'a droit de porter ses armes timbrées de couronne que seulement si elle possède des terres ou fiefs, « parce qu'elle tient de la chose « qu'elle possède, et non pas de sa personne et de sa nais- « sance ».

S'il fallait, de nos jours, contrôler l'origine des couronnes dont certaines familles timbrent leurs écus, combien peu pourraient se dire autorisées à les porter ! On n'a, du reste, qu'à lire le *Dictionnaire véridique de la noblesse de France,* par Laîné, pour connaître exactement ceux qui, dans la noblesse, ont droit aux titres de duc, de marquis, de vicomte et de baron, et par conséquent à la couronne de chacun de ces titres, qui fait si bien dans le dessin d'un blason.

A Rome, nul cardinal, quoique prince, ne mettait la couronne sur ses armoiries ; mais, en France, tous les prélats qui avaient titres de ducs, princes ou comtes portaient l'une de ces couronnes. Parmi les titulaires des archevêchés ou évéchés, il y avait trois pairs ecclésiastiques *ducs :* Reims, Langres et Laon ; trois *comtes* pairs : Noyon, Châlons et Beauvais.

Les archevêques d'Embrun, d'Arles, de Tarentaise ; les évêques de Grenoble, de Genève et de Viviers, prenaient le titre de prince et portaient la couronne ducale.

Les archevêques de Lyon et de Vienne, les évêques de Valence, Dié, Gap, Le Puy, Aleth, Lisieux, Mende,

Dol, Cahors, Autun, etc., avaient titre de comte et en portaient la couronne.

Les chanoines de l'église cathédrale de Lyon et ceux de Saint-Julien de Brioude avaient également droit au titre de comte et à la couronne comtale sur leurs armoiries.

Le cardinal de Bérulle, général des prêtres de l'Oratoire de Jésus, timbrait ses armes d'une couronne d'épines enfermant les mots de JÉSUS MARIA.

Les couronnes entrent aussi dans la composition intérieure des armoiries sous les formes les plus diverses.

COURONNES ROYALES.

L'importance, au double point de vue historique et archéologique, de la forme des couronnes portées par les rois de France et autres souverains d'Europe, nous fait une obligation de les représenter ici.

COURONNE D'ESPAGNE.

ANCIENNE COURONNE D'ANGLETERRE.

COURONNE DE PORTUGAL.

COURONNE

des ducs de Savoie, rois de Chypre.

COURONNE

des grands-ducs de Toscane.

COURONNE
des archiducs.

COURONNE
des électeurs de l'empire.

COURONNE
des doges de Venise.

Couronne antique dont se servirent les seigneurs qui ont possédé des terres à titre de principauté.

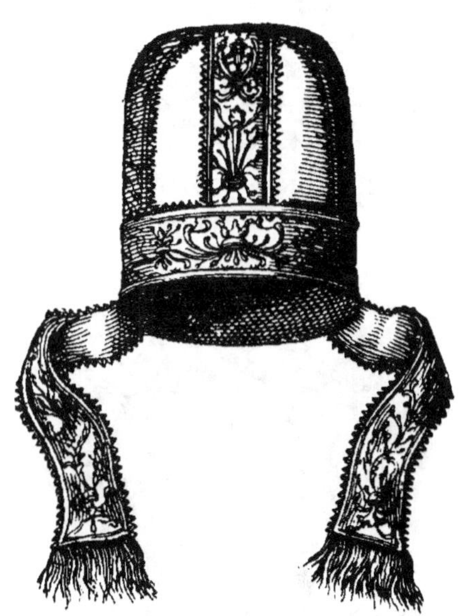

CHAPEAU
du préfet de Rome.

COURONNE
du gouverneur de province.

COURONNE COMTALE
des comtes de Flandre, de Champagne et de Toulouse.

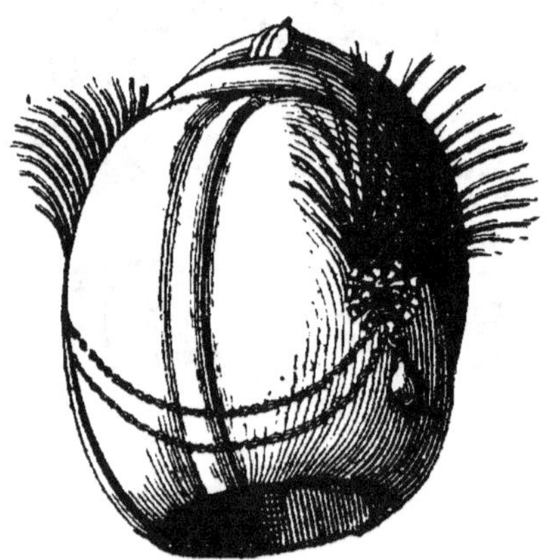

COURONNE DU GRAND TURC
au XVII° siècle.

Couronne des anciens seigneurs de Sennecey, du surnom de Beauffremont (dit Palliot). Cette couronne se voyait sur la porte de leur hôtel, à Châlons.

Les couronnes des rois de la première race sont de quatre sortes :

1°, Diadème de perles sous forme de bandeau, avec des lambeaux qui tombaient sur les épaules.

2° Couronne fermée appelée *camelanque,* composée d'un diadème de perles d'un ou de deux rangs, lié par derrière de deux lambeaux aussi de perles. Le diadème soutient un bonnet enrichi de pierreries, au-dessus duquel on voit un cercle de perles rehaussé de plumes.

3° Couronne appelée *mortier,* pareille au mortier que portaient les grands présidents du Parlement.

4° Couvre-chef en forme de chapeau pyramidal se terminant en pointe et pommé d'une grosse perle. Ses bords permettaient de se préserver de la pluie et des ardeurs du soleil.

Les souverains de la deuxième race paraissent dans leurs monnaies, dit Du Cange, la tête ceinte d'un double rang de perles. Dans leurs sceaux, ils sont représentés de profil, la tête couronnée d'une couronne de laurier. Charles le Chauve, dès qu'il fut empereur, abandonna les couronnes et les habits des rois de France ses prédécesseurs, et prit les diadèmes et les vêtements des empereurs grecs. Sa tête était affublée de soie sur laquelle il plaçait une couronne.

Les rois de la troisième race adoptèrent une seule et même couronne : cercle d'or enrichi de pierreries et rehaussé de fleurs de lis. On croit généralement que la couronne royale fermée, telle que nous la connaissons actuellement, fut portée pour la première fois par François Ier, pour contrecarrer, dit encore Du Cange,

Charles Ier, roi d'Espagne, qui avait été élu empereur sous
le nom de Charles V, ou Charles-Quint, et pour montrer
« qu'il estoit roy d'un royaume qui ne relevoit que de
Dieu ».

SUPPORTS ET TENANTS.

Il faut bien distinguer, en blason, que les supports
sont des animaux naturels ou chimériques, et que les
tenants sont toujours des êtres humains.

Du temps de la chevalerie, les tenants et les supports
ne pouvaient être portés que par les souverains, les
princes et les membres de la plus haute noblesse; mais
les abus qui se sont introduits dans les armoiries, surtout
au XVIIIe siècle, ont anéanti le prestige et la valeur historique de ces pièces, qui ne sont guère aujourd'hui
que des dessins fantaisistes destinés à faire ressortir l'élégance d'un blason. En Allemagne, il n'en est pas ainsi,
et la grande noblesse de ce pays a su conserver pour les
tenants et les supports l'esprit de souvenir et de vérité
allégorique que l'on doit attacher à ces ornements extérieurs de l'écu.

Les supports et les tenants peuvent être émaillés de
toutes les couleurs héraldiques, comme aussi on peut les
représenter au naturel.

Les tenants sont habillés, armés, nus, couronnés, etc.;
les supports sont couronnés; ils portent quelquefois
bannière avec les armes de l'écu. Cet honneur n'appartient qu'aux familles qui ont eu un chevalier *banneret*
parmi leurs ancêtres. On faisait un chevalier *banneret*

sur le champ de bataille en coupant les pendants de la bannière ou *pennon* que chaque gentilhomme avait le droit de porter.

Tous les chevaliers bannerets, en temps de guerre, venaient ranger leurs forces sous l'oriflamme de saint Denis, dont les rois étaient les chefs et maîtres.

L'oriflamme de saint Denis était « couleur de feu » et la lance d'or ; elle était déposée dans les caveaux de l'antique basilique de Saint-Denis. C'est le véritable drapeau ancien de la France.

Pour en terminer avec les supports, ajoutons qu'on les fait généralement s'appuyer sur des tertres, des bandes de bois et des rubans où se trouve la devise de la famille.

PAVILLONS ET MANTEAUX.

On fait remonter aux tournois l'usage des pavillons et manteaux dont on entoure les armoiries, et qui ne sont, à proprement parler, que des lambrequins agrandis. Ils n'étaient employés que pour les plus grands personnages, et particulièrement pour les dames. Les princes et les ducs et pairs adoptèrent tous, au XVIIIe siècle, la mode d'encadrer en quelque sorte leurs blasons d'un manteau fourré d'hermine, avec les figures de ces blasons sur les deux replis des côtés. Les rois de France et les princes du sang avaient seuls le droit de prendre le pavillon, au lieu du manteau, pour leurs armoiries.

CORDELIÈRES, GUIRLANDES ET COLLIERS DE CHEVALIERS.

La reine Anne de Bretagne fut l'une des premières qui entourèrent leur blason d'une cordelière, en l'honneur de saint François d'Assise. On trouve cette cordelière sur presque tous les monuments et objets faits ou édifiés pour cette princesse. Depuis les veuves des gentils-hommes adoptèrent cet ornement en signe de deuil.

Les guirlandes composées de fleurs ou de feuilles furent longtemps utilisées par les dessinateurs pour encadrer les armoiries. Les religieuses et religieux transformaient ces guirlandes en couronnes d'épines : de là vint l'usage de placer autour de l'écu les cordons des ordres de chevalerie de la Jarretière, de Saint-Michel, de la Toison et de l'Annonciade de Savoie.

Les marques des autres ordres se mettaient sous l'écusson, comme l'ordre du Croissant, ou sur l'écusson, comme l'ordre de Saint-Jean de Jérusalem.

Un ornement rare est la chaîne d'or que porte la maison de Lannoy. En voici l'origine, d'après le *Recueil des Familles du diocèse d'Amiens,* par Adrien de la Morlière :

« L'an 1477, comme le roy Louis XI eut pris la ville de Hesdin par les moyens que luy en donna Philippe de Crèvecœur, Raoul de Lannoy fut envoyé de son père Fameng, seigneur de Lannoy, gouverneur de la place (lequel s'estoit retiré au chasteau), pour parlementer et faire sa composition. Sa Majesté, qui vit ce jeune gentilhomme tout crasseux de poussière et sueur prove-

ARMES D'ANNE D'AUTRICHE,
avec cordelière nouée et enlacée de lacs d'amour.

nant de travail, bien formé de ses membres, et quant et quant éloquent et disant des mieux, le prit en affection,

si qu'elle lui accorda tout ce qu'il demandoit et le re-
tint dès lors à son service.

BLASON DE MARGUERITE DU CAMBOUT,
femme de Henri de Lorraine, comte d'Harcourt.

« Ceste ville et chasteau rendus, le roy, poursuivant sa
pointe, vint à Quesnoy-le-Comte, où, la bresche estant
faite, le jeune Raoul de Lannoy, désirant donner quelque bonne impression de soy à son advénement à la
cour, commença le premier à ramper par le débris des
murailles, et, parmy les flammes du tonnerre des arque-

busades, à venir aux mains si valeureusement que la place fut emportée d'assaut; et le roy, admirant son courage, s'écria tout haut qu'il estoit trop ardent et falloit l'enchaisner. Cela rapporté au jeune gentilhomme, il en eut quelque appréhension; mais Sa Majesté, l'ayant envoyé querir, lui dit :

« Pasque Dieu! mon ami, vous êtes trop furieux en « un combat; je vous veux en chaisne pour modérer vostre « ardeur, car je ne vous veux pas perdre, désirant me servir « de vous plus d'une fois. »

« Et, sur ces paroles, lui jetta au col une grosse chaisne d'or composée de vingt chaisnons de la valeur de cent escus pièce, et le fit sur l'heure capitaine d'une compagnie. »

Cette chaîne fut depuis toujours employée autour des armoiries de la famille de ce brave gentilhomme.

Les femmes ont quelquefois ajouté, comme ornement extérieur de leur blason, deux palmes accostées, comme symbole de l'amour conjugal.

CRIS ET DEVISES.

Il ne faut pas confondre le *cri* avec la *devise*.

Le cri, dit Menestrier, suit la bannière, parce qu'anciennement nul n'était reconnu pour gentilhomme de *nom, d'armes et de cry,* que celui qui avait droit de lever bannière, l'un et l'autre servant à mener des troupes à la guerre et à rallier.

Le cri de guerre des rois de France était : *Montjoye Saint-Denis !*

La devise que tout gentilhomme pouvait adopter était une sentence, une allégorie ou un jeu de mots. Il faudrait plusieurs volumes pour reproduire les devises de notre ancienne noblesse. M. Bessas de la Mégie a tenté ce travail ; nous renvoyons le lecteur à son ouvrage.

MARQUES ET QUALITÉS.

Les marques d'honneur pour les dignités et pour les offices que l'on exerçait sont plus anciennes que les armoiries ; mais elles furent parfaitement régularisées du même temps que fut créée la science héraldique. Nous emprunterons à la *Vraye et parfaite science des armoiries* de Palliot la description des marques d'honneur qui se traduisent, en blason, par des pièces différentes et d'un caractère absolument exclusif.

Les *connétables,* qui étaient, après le roi, chefs des armées de France, marchaient, dans les entrées, l'épée nue à la main, avant tout autre prince ou gentilhomme. Cette épée est représentée en blason à droite et à gauche de l'écu, les pointes en l'air et la poignée tenue par une main armée d'un gantelet et sortant d'un nuage.

Le *chancelier,* qui était le second officier de France, avait pour marque de sa dignité un mortier de toile d'or rebrassé d'hermines, posé sur le casque orné et surmonté de son cimier, qui est une femme à mi-corps, représentant la France, couverte et couronnée d'un manteau et couronne royale, tenant de la main droite un sceptre, et de la main gauche les sceaux du roi. Derrière l'écu de

CONNÉTABLE DE FRANCE.

ses armes, deux grandes masses d'argent vermeil doré passé en sautoir, avec le manteau ducal orné de rayons d'or vers le haut et fourré d'hermine. Le chancelier, chef de la justice du royaume, se plaçait à la gauche du souverain dans les cérémonies publiques.

Le *maréchal de France,* qui était le lieutenant du connétable, portait pour marque de sa charge, aux côtés de

l'écu, deux haches d'armes droites ou passées en sautoir.
Plus tard, ces haches furent remplacées par deux bâtons

GRAND CHANCELIER.

d'azur semés de fleurs de lis d'or et passés en sautoir
derrière l'écu.

L'*amiral* portait deux ancres passées en sautoir, les
trabes d'azur semées de fleurs de lis d'or, mises derrière
l'écu.

Le *général des galères* portait également les deux ancres en sautoir, mais avec les trabes unies.

MARÉCHAL DE FRANCE.

Le *vice-amiral* portait une seule ancre debout (en pal) derrière l'écu.

Le *colonel général de l'infanterie,* qui avait l'autorité sur tous les gens de pied français, portait pour cimier six drapeaux des couleurs du roi, blanc, incarnat et bleu, trois de chaque côté.

Le *colonel de la cavalerie* portait quatre cornettes aux armes de France, deux de chaque côté.

Le *grand maître de l'artillerie,* titre érigé par Henri IV

en faveur de Sully, portait au-dessous de son écu deux canons ou couleuvrines avec leurs affûts adossés.

MARÉCHAL DE FRANCE,
lieutenant du connétable.

Le *surintendant des finances* portait aux côtés de ses armes deux clefs en pal adossées, l'une d'or, à dextre, l'autre d'argent, à sénestre, leurs anneaux terminés d'une couronne.

Le *grand maître de la maison du roi* portait deux grands bâtons d'argent vermeil doré passés en sautoir derrière l'écu de ses armes, dont les bouts d'en haut étaient terminés d'une couronne royale. A la mort du

souverain, le titulaire de cette charge rompait son bâton
sur le cercueil royal, pour indiquer aux officiers sous ses

MARÉCHAL DE FRANCE,
ornement devenu définitif.

ordres qu'ils n'avaient plus de charges que par la grâce
et fantaisie du nouveau roi.

Le *grand aumônier de France* portait un livre couvert
de satin bleu, avec les armes du roi, entourées des ordres,
brodées en or et argent sur les plats de la couverture.
Ce livre se mettait sous l'écu ; il soutenait une croix qui

passait derrière l'écu et qui était pommée d'un chapeau du titre ecclésiastique du grand aumônier.

AMIRAL.

Le *grand chambellan*, surintendant des officiers du roi, portait en sautoir, derrière l'écu, deux clefs d'or, les anneaux terminés par une couronne royale.

Le *grand écuyer* portait deux épées royales dans leurs fourreaux et baudriers, le tout d'azur semé de fleurs de lis d'or. Ces insignes étaient placés à droite et à gauche de l'écu, la pointe en l'air.

Le *grand panetier,* dont la juridiction s'étendait autrefois sur tous les boulangers de Paris, portait aux côtés

GÉNÉRAL DES GALÈRES.

du bas de son écu la nef d'or et le cadenas qu'on posait à
côté du couvert du souverain. La charge du panetier se
réduisit plus tard à essayer les viandes que l'on servait
au roi. A l'heure du dîner du roi, un huissier criait par
la fenêtre, à voix haute : « Grand panetier, venez
mettre le couvert pour le roi ! »

Le *grand bouteiller,* ou *grand échanson,* portait deux

grands flacons d'argent doré sur lesquels étaient les armes du roi ; ils se plaçaient aux côtés du bas de l'écu.

VICE-AMIRAL.

Le *grand veneur* portait deux grands cors avec leurs enguichures, tombant du lambrequin à droite et à gauche de l'écu.

Le *grand fauconnier* portait deux leurres qui tombaient à droite et à gauche de l'écu. Le leurre (terme de fauconnerie) était un morceau de cuir en forme de cœur brodé aux lis de France avec des torsades pendantes.

Le *grand louvetier* portait deux têtes de loup de front (appelées rencontres en terme héraldique) aux côtés du bas de son écu.

COLONEL GÉNÉRAL DE L'INFANTERIE.

Les *capitaines des gardes du corps du roi* portaient deux bâtons d'ébène en sautoir derrière l'écu.

Le *capitaine des cent-suisses* portait de la même manière les mêmes bâtons, mais garnis de pommes et bouts d'ivoire, et au bas de l'écu deux toques de velours noir avec les panaches.

COLONEL DE CAVALERIE.

Le *premier maître d'hôtel* portait deux bâtons garnis d'argent doré passés en sautoir derrière l'écu. Ces bâtons étaient terminés en haut par une couronne royale.

Le *grand écuyer tranchant* portait un couteau et une fourchette en sautoir sous son écu, les manches d'azur semés de fleurs de lis d'or et terminés aux extrémités par une couronne royale.

GRAND MAITRE DE L'ARTILLERIE.

Le *grand prévôt de l'hôtel,* dont le pouvoir s'étendait à six lieues à la ronde de la cour, pour prévenir les désordres, portait sous l'écu de ses armes deux faisceaux de verges d'or avec deux haches d'armes en sautoir, liés de cordons d'azur.

Le *grand maréchal des logis* portait sous son écu une masse et un marteau d'armes passés en sautoir.

SURINTENDANT DES FINANCES.

Le *capitaine des gardes de la porte* accostait l'écu de ses armes de deux clefs d'argent, en pal, les anneaux terminés par une couronne royale.

Les *présidents des parlements* avaient pour marque de leur charge un mortier de velours ou panne noir, orné de deux grands passements d'or, l'un au bord inférieur et l'autre au bord supérieur; ils le plaçaient sur le heaume, à quoi le premier président ajoutait la robe d'écarlate

GRAND MAITRE DE LA MAISON DU ROI.

doublée d'hermine, mise en forme de manteau ducal avec les crochets d'or sur l'épaule. Le mortier est aussi différent en ce que les parements sont beaucoup plus larges.

Tous ces renseignements sont de la plus grande importance pour les amateurs d'objets d'art et de curiosité

que l'on rencontre souvent avec ces divers insignes héraldiques.

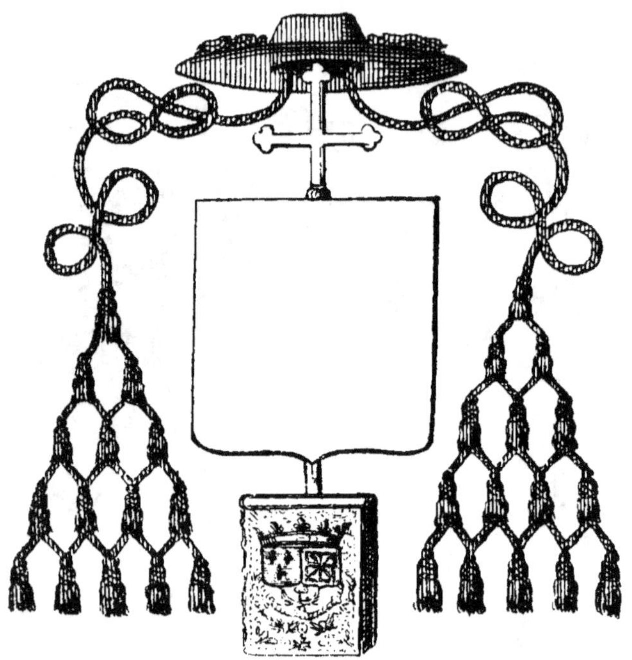

LE GRAND AUMONIER.

Ajoutons que tous les officiers, soit de la couronne,
soit du roi, soit des parlements, entouraient leurs écus
des colliers des ordres royaux dont ils étaient honorés ;
ils y ajoutaient également les couronnes auxquelles ils
avaient droit, selon les titres de leurs terres.

DIGNITÉS ECCLÉSIASTIQUES.

Les ecclésiastiques timbrent leurs armoiries de chapeaux dont la forme, bien connue, n'a pas besoin de plus
ample description.

LE GRAND CHAMBELLAN.

Les *cardinaux* portent le chapeau rouge garni de cordons pendants de chaque côté de l'écu ; ces cordons sont

entrelacés de façon à former *quinze* nœuds ou houppes posés : un, deux, trois, quatre et cinq.

LE GRAND ÉCUYER.

Les *archevêques* portent le même chapeau, mais de couleur verte, avec dix nœuds posés : un, deux, trois et quatre.

Les *évêques* portent le même chapeau que les précédents, mais avec trois rangs de nœuds posés : un, deux et trois.

Les *abbés* ayant droit de porter mitre ont un chapeau avec deux rangs de nœuds posés : un et deux.

LE GRAND PANETIER.

DIGNITÉS IMPÉRIALES.

Pour compléter ce travail sur les insignes attribués aux grandes dignités, il est indispensable de mentionner ici

LE GRAND ÉCHANSON.

les attributs qui furent concédés par Napoléon Ier à la noblesse de son règne. Il est vrai que ces attributs sont tombés, depuis 1815, en désuétude : c'est pourquoi nous ne ferons que les décrire succinctement, en nous dispensant de les reproduire par la gravure.

LE GRAND VENEUR.

On sait que la Charte octroyée par Louis XVIII déclara que « la noblesse ancienne reprenait ses titres et que la nouvelle conservait les siens ». L'ancienne noblesse reprit en effet ses titres en rejetant les emblèmes impériaux, et, par imitation, la noblesse nouvelle, tout en

conservant leurs titres, rejetèrent les attributs héraldiques de Napoléon Ier.

LE GRAND FAUCONNIER.

Quoi qu'il en soit, l'Empire accepta généralement les
termes du blason tels qu'ils avaient été adoptés par
l'ancienne monarchie ; il s'en écarta cependant au point
de vue des règles qui défendaient de mettre couleur sur
couleur ou métaux sur métaux.

C'est ce que reconnaît Henry Simon, dans son *Armorial de l'Empire français* (Paris, 1812, 2 vol. in-folio) :

13

« Autrefois, dit-il, on avait grand soin de ne pas s'écarter
de cette règle des armes enquérantes ; mais à présent on

LE GRAND VENEUR.

met souvent couleur sur couleur et métaux sur métaux,
ce dont on verra beaucoup d'exemples dans les armoiries
contenues dans cet ouvrage. »

D'où il faut conclure que, pour les blasons des familles
nobles de notre temps, il est aisé de reconnaître à première vue les armes provenant de l'Empire, puisque les
armes enquérantes sont excessivement rares pour l'ancienne noblesse.

Ceci expliqué, occupons-nous des insignes *extérieurs* et *intérieurs* de l'écu qui furent octroyés par Napoléon Ier aux

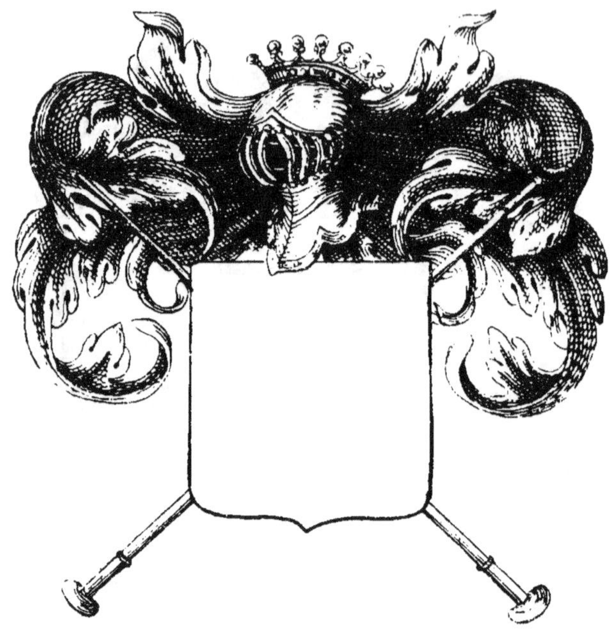

LE CAPITAINE DES GARDES DU CORPS.

personnages de son temps, soit déjà nobles, soit anoblis par lui.

ORNEMENTS EXTÉRIEURS DE L'ÉCU.

Princes et grands dignitaires. Toque de velours noir, retroussée de vair, avec porte-aigrette d'or surmonté

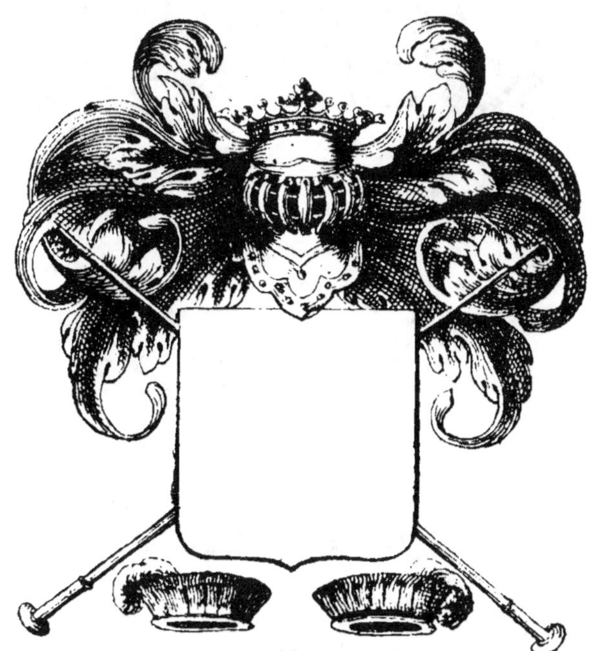

LE CAPITAINE DES CENT SUISSES.

de sept plumes, et accompagnée de six lambrequins d'or, le tout entouré d'un manteau d'azur semé d'abeilles d'or, doublé d'hermine, sommé d'un bonnet d'honneur, forme électorale, à calotte d'azur retroussée d'hermine.

LE PREMIER MAITRE D'HOTEL.

Sur l'écu, en chef : d'azur semé d'abeilles d'or.

Ducs. Toque et manteau seulement pareils aux précédents.

Sur l'écu, en chef : de gueules semé d'étoiles d'argent.

Comtes sénateurs. Toque de velours noir, retroussée de contre-hermine avec porte-aigrette or et argent surmonté de cinq plumes, accompagnée de quatre lambrequins, les deux supérieurs en or et les deux autres en argent.

LE GRAND ÉCUYER TRANCHANT.

Sur l'écu, franc quartier à dextre : d'azur à un miroir d'or en pal après lequel se tortille et se mire un serpent d'argent.

Comtes archevêques. Même toque et mêmes lambrequins que pour les précédents comtes, le tout surmonté d'un

chapeau rouge à larges bords, avec des cordons de soie
de même couleur, entrelacés l'un dans l'autre, pendant

LE GRAND PRÉVOT.

aux deux côtés de l'écu et terminés par cinq houppes
chacun.

Sur l'écu, franc quartier à dextre : d'azur à la croix
pattée d'or.

Comtes militaires. Toque comme pour les comtes sénateurs.

LE GRAND MARÉCHAL DU LOGIS.

Sur l'écu, franc quartier à dextre : d'azur à l'épée
haute en pal, d'argent, montée d'or.

Barons militaires. Toque de velours noir retroussée de
contre-vair, avec porte-aigrette en argent surmonté de
trois plumes, accompagnée de deux lambrequins d'argent.

Sur l'écu, franc quartier à sénestre : de gueules à l'épée haute en pal, d'argent.

LE CAPITAINE DES GARDES DE LA PORTE.

Barons évêques. Même toque surmontée d'un chapeau vert à larges bords, avec des cordons de soie de même couleur, entrelacés l'un dans l'autre, pendant aux deux côtés de l'écu et terminés par quatre houppes chacun.

Sur l'écu, franc quartier à sénestre : de gueules à la croix alaisée d'or.

Chevaliers. Toque de velours noire retroussée de sinople, surmontée d'une aigrette d'argent.

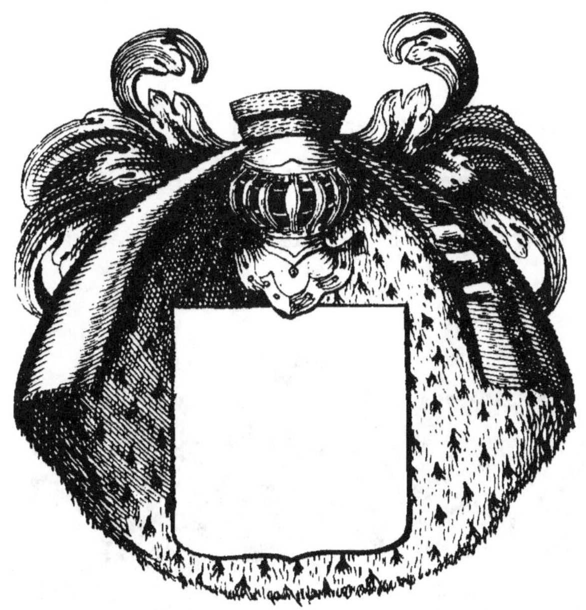

PREMIER PRÉSIDENT DE PARLEMENT.

Sur l'écu : pal de gueules, chargé du signe de chevalier légionnaire.

Les bonnes villes, de premier, de second et de troisième ordre, avaient aussi des couronnes et des pièces héraldiques spéciales, dont nous croyons inutile de donner la description, ces bonnes villes ayant depuis longtemps renoncé à ces insignes.

SIGNES INTÉRIEURS DE L'ÉCU.

Comtes. Franc quartier à dextre.

Ministres. D'azur à la tête de lion arrachée d'or.

Conseillers d'État. Échiqueté d'azur et d'or.

PRÉSIDENT DE PARLEMENT.

Président du Corps législatif. D'azur aux tables de la loi d'or.

Officiers de la maison de l'empereur. D'azur au portique ouvert, à deux colonnes surmontées d'un fronton d'or, accompagné des lettres initiales D. A. du même.

CHAPEAU DE CARDINAL.

Ministres employés à l'état civil. D'azur à la tête de lion arrachée d'argent.

Officiers des maisons des princes. Mêmes armes que pour les officiers de la maison de l'empereur, sauf pour les lettres initiales qui sont D. J.

Préfets. D'azur à la muraille crénelée d'or, surmontée d'une branche du même.

CHAPEAU D'ARCHEVÊQUE.

Sous-Préfets. De gueules à la muraille non crénelée d'argent, surmontée d'une branche d'olivier du même.

Maires. D'azur à la muraille crénelée d'or.

Présidents de collège électoral. D'azur a trois fusées rangées en fasce d'or.

Membres de collège électoral. D'azur à la branche de chêne passée en bande.

Propriétaires. D'azur à l'épée en pal d'or.

Barons. Franc quartier à sénestre.

CHAPEAU D'ÉVÊQUE.

Présidents et procureurs généraux de la Cour de cassation. De gueules à la balance d'argent.

Présidents et procureurs généraux des Cours impériales. De gueules à la toque de sable retroussée d'hermine.

Officiers de santé attachés aux armées. De gueules à l'épée en barre, la pointe basse.

Tirés des corps savants. De gueules à la palme d'argent posée en bande.

CHAPEAU D'ABBÉ MITRÉ.

DICTIONNAIRE

DES TERMES ET DES FIGURES

DU BLASON

Nota. Nous avons, aussi souvent que possible, donné des blasons gravés, comme exemples des termes et des figures héraldiques les plus généralement usités ; nous avons choisi ces exemples parmi les familles vivantes ; mais, si le lecteur veut connaître les armes des familles éteintes et celles d'autres maisons dont nous ne pouvons reproduire ici les armoiries, nous leur signalons deux savants ouvrages spéciaux : 1° le *Dictionnaire héraldique* de M. Charles Grandmaison (*Paris*, Migne, 1852, gr. in-8) ; 2° l'*Armorial du Bibliophile,* par M. Joannis Guigard (*Paris*, Bachelin-Deflorenne, 1873, gr. in-8).

ABAISSÉ. Terme de blason employé pour toute pièce qui est au-dessous de sa situation normale. Le vol et les ailes des oiseaux se disent *abaissés* quand l'extrémité de chaque aile descend vers la pointe de l'écu.

ABIME. Terme de blason. Se dit d'une pièce qui occupe le centre de l'écu. *Le Normant,* en 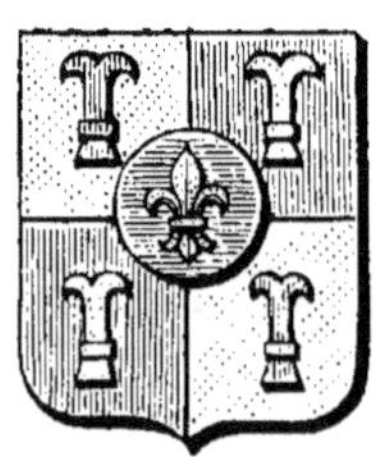 Picardie, porte écartelé d'or et de gueules, à quatre rocs d'échiquier de l'un en l'autre, et, en *abîme,* un tourteau d'azur chargé d'une fleur de lis d'or.

ABEILLE. Cet insecte doit être représenté les ailes étendues. Ne pas le confondre avec le taon.

Louis XII, roi de France, avait fait frapper sur les plats de ses reliures des *abeilles* sans nombre, et cela avant son mariage avec Anne de Bretagne.

Les familles suivantes portent :

1 ABEILLE. *Selery,* en Guyenne, de gueules à une *abeille* d'or, au chef cousu d'azur, chargé d'un croissant d'or, entre deux étoiles du même.

3 ABEILLES. *Barberin de Reignac* (Saintonge), d'azur à trois *abeilles* d'or. — *Portière de Beaujouars* (Normandie), même blason.

6 ABEILLES. *Mouche* (Picardie), de gueules à six abeilles d'or, posées 3, 2 et 1.

ABOUTÉ. Terme de blason pour indiquer quatre hermines formant une croix bout à bout.

ACCOLÉ. Terme de blason pour indiquer deux écus joints ensemble, deux pièces héraldiques qui se touchent, les colliers ou les couronnes dont certains animaux sont ornés. *Docquin de Saint-Preux* (Champagne) porte d'or à la bande de gueules chargée d'un lévrier passant d'argent accolé d'or.

ACCOMPAGNÉ. Terme de blason pour indiquer les figures qui entourent une pièce honorable. *Frejacques de Bar* (Bourgogne) porte d'azur au chevron d'or accompagné de trois étoiles du même.

ACCORNÉ. Terme de blason pour indiquer la couleur des cornes des animaux portant cet appendice. *Borel d'Hauterive* (Dauphiné) porte d'argent à la croix engrêlée d'azur, cantonnée de quatre rencontres de gueules *accornées* d'or et clarinées de sable.

ACCOSTÉ. Terme de blason. Se dit des pièces en longueur qui sont flanquées d'autres pièces. *Hibon de Frohen* porte parti au 1 d'azur, au pal d'argent, chargé de trois tours de gueules, et *accosté* de jambes de lion d'or mouvantes des flancs de l'écu, au 2 d'argent à trois bustes de reines de carnation couronnées.

ACCROUPI. Terme de blason pour indiquer la position des animaux assis.

ACCULÉ. Terme de blason employé pour un cheval cabré ou pour des canons opposés sur leurs affûts.

ADEXTRÉ. Terme de blason employé pour indiquer la position d'une figure qui se trouve à la droite d'une autre, cette dernière occupant le milieu de l'écu.

ADOSSÉ. Terme de blason. Se dit des animaux ou des figures qui se tournent le dos. *Soye (de)* (Belgique) porte d'argent à deux barbeaux *adossés* d'azur.

AFFRONTÉ. Terme de blason. Se dit des animaux qui se regardent. *Pistolet de Saint-Ferjeux* (Bouillon) porte parti au 1 d'argent, au tertre de sinople, surmonté d'un cerf couché de couleur naturelle, au 2 de gueules, à 2 lions *affrontés* d'argent, et sur le tout d'azur à 2 pistolets d'or en sautoir.

AGNEAU. Doit être figuré de profil et passant. On représente l'agneau pascal tenant un panonceau chargé d'une croisette. *Delcey,* en Champagne, porte d'azur au chevron d'or accompagné en chef de deux coquilles d'argent, et en pointe d'un *agneau pascal* aussi d'argent.

AIGLE. En blason, l'aigle doit être dessiné avec une grande sveltesse de forme. On dit qu'elle est *éployée* lorsqu'elle a deux têtes. Selon sa position dans l'écu, on l'énonce *naissante* ou *issante, contournante,* si elle regarde le côté sénestre (ou gauche) de l'écu ; *essorante,* si elle est en plein vol ; au *vol abaissé,* si l'extrémité des ailes se dirige vers le bas de l'écu. Généralement le *bec,* les *membres* et la *langue* sont d'une autre couleur ou d'un autre émail que le corps de l'oiseau. On l'indique alors sous les noms de *becqué, membré* ou *langué* de tel émail ou de telle couleur. Au-dessus de trois aigles dans un écu, on doit dire *aiglettes;* lorsque les aigles n'ont ni becs ni jambes, on les dénomme *alérions.* On dit d'une tète d'aigle seule qu'elle est *arrachée.* Les mots *aiglons* et *aiglettes* sont employés pour blasonner plusieurs aigles.

I. *Orjault de Beaumont* (Ardennes) porte d'or à l'ai-

I II

Aigle. Aigle éployée.

gle de gueules. — II. *Roys* (Languedoc) porte d'azur à l'aigle *éployée* d'or. — III. *Lestaubière* (Normandie)

III IV

Aiglettes. Alérions,

porte d'or à trois *aiglettes* de sable posées 2 et 1. —
IV. *Gayffier* (Gévaudan) porte d'azur muraillé d'or de
six carreaux, 3, 2 et 1, chargés chacun d'un *alérion* de
même, au chef de gueules chargé d'un lion issant au
naturel.

AIGRETTE. Oiseau blanc ayant la forme du héron,
la tête garnie d'une huppe de plumes, et qui se représente de profil et passant.

AIGUISÉ. Terme de blason employé pour toutes
pièces de forme géométrique dont les extrémités sont aiguisées.

AILÉ. Terme de blason employé pour les êtres qui
ont des ailes contre nature. *Yversen de
Saint-Fons* porte d'or au cerf courant
ailé de gueules, ayant le bois de sable;
au chef d'azur chargé d'un soleil d'or
accosté de deux croissants d'argent.

AJOURÉ. Terme de blason employé pour les monuments dont les portes et fenètres sont
d'une autre couleur que celle du monu-
ment lui-mème.

Dallemagne (du Bugey) porte coupé
en chef au 1er d'azur, à la tour crénelée
de trois pièces d'or, ouverte, *ajourée* et
maçonnée de sable, et surmontée de trois étoiles d'argent; au 2 de gueule, à l'épée d'argent mise en pal, la

poignée en pointe d'or, au pont de sable terrassé de sinople.

ALÉRIONS. (Voyez *Aigle*.)

ALAISÉ. Terme de blason employé lorsque les pièces qui d'habitude doivent toucher les bords de l'écu en sont séparées.

I. *Chartier* (Normandie) porte d'azur à la fasce *alaisée* d'or, soutenant deux perdrix du même, accompagnées en pointe d'un tronc d'olivier feuillé de chaque côté de trois feuilles aussi d'or. — II. *Rougé* (Bretagne) porte de

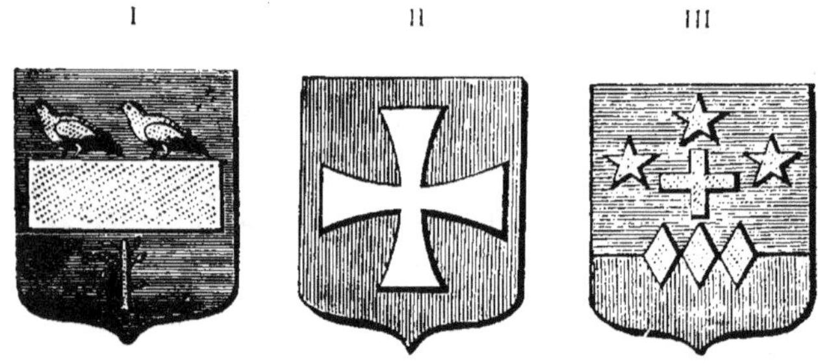

gueules à la croix *alaisée* et pattée d'argent. — III. *Matharel* (Italie) porte d'azur à la croix *alaisée* d'or, accompagnée de trois étoiles, 1 en chef et 2 en flanc, au-dessous de la croix ; coupé de gueules, chargé de 3 losanges d'or, en face de l'un en l'autre.

ALCYON. Oiseau aquatique. Se représente sur son nid, au milieu des flots de la mer. Lorsque les ondes qui le supportent sont d'un autre émail, on dit de l'alcyon qu'il est flottant.

ALLUME. Terme de blason employé pour les yeux des animaux et les flammes lorsqu'elles sont d'une couleur spéciale.

Fare porte d'azur à trois flambeaux d'or, *allumés* de gueules, posés en pal.

AMPHISTÈRE. Serpent ailé dont la queue est terminée par une autre tête de serpent, et quelquefois par plusieurs. Dans ce dernier cas, on dit qu'il est *gringolé* de plusieurs pièces.

ANCHÉ. Terme de blason pour indiquer la courbure d'un cimeterre ou d'une autre pièce de forme convexe.

ANCRE. Se place en pal. Les diverses parties de cet instrument de marine se nomment en blason : la tige, *stangue ;* la traverse, *trabe,* et le câble *gumène.* Lorsque ces diverses parties sont d'émaux différents, on les blasonne sous ces noms spéciaux.

Judde de la Rivière porte d'azur à l'ancre d'argent, accosté de deux étoiles du même.

ANCRÉ. Terme de blason. Se dit d'une pièce qui se termine par une ancre. *Charpin-Feugerolles* (Forez) porte écartelé aux 1 et 4 d'argent, à la croix *ancrée* de gueules, au franc quartier d'azur chargé d'une molette d'or ; aux 2 et 3, tranché de sable et d'argent.

ANGE. Esprit céleste représenté généralement avec une tunique blanche, des ailes et les mains jointes.

ANGEMNES. Roses fantaisistes à six feuilles, que l'on confond assez souvent avec les molettes d'éperon et les quintefeuilles.

ANGLÉ. Terme de blason employé pour la croix et le sautoir, lorsque leurs extrémités sont ornées d'autres figures à pointes.

ANILLE. Deux crochets ou C adossés et liés par le milieu.

ANIMAUX. Doivent être représentés dans leur position naturelle, c'est-à-dire passants. Lorsqu'ils sont dessinés dans une autre assiette, on doit le dire selon les différents termes que l'on trouvera dans ce vocabulaire. On peut compter jusqu'à seize les animaux de même espèce qui peuvent exister dans un blason. Au delà, on dit sans nombre.

I. *Caubet* porte d'or au *lévrier passant* de gueules, au chef d'azur chargé d'un croissant d'or accosté de deux

<table>
<tr><td>I</td><td>II</td></tr>
<tr><td></td><td></td></tr>
</table>

étoiles de même. — II. *Mesnil du Buisson* (Normandie)

porte de sable au lion coupé or et argent et lampassé de gueules.

ANIMÉ. Terme de blason pour exprimer le mouvement de la tête d'un cheval.

ANNEAU, ANNELET. Image de l'éternité très commune dans les armoiries. S'il y a un chaton, l'émail doit en être blasonné. On dit *annelets* lorsque le blason est chargé de plusieurs anneaux.

Oberkampf porte d'azur à la colonne d'argent sommée d'un coq du même, la tête contournée, au chef de gueules chargé de trois *annelets* d'or.

ANTIQUE. Terme de blason employé pour les couronnes de forme antique.

Champfeu (Bourbonnais) porte d'azur au sautoir d'or cantonné de quatre couronnes à l'*antique* de même.

APPAUMÉ. Terme de blason indiquant la position d'une main ouverte qui se présente avec la paume.

APPOINTÉ. Terme de blason. Épées, flèches, etc., qui se représentent pointe à pointe.

AQUILON. Tête d'enfant dont les lèvres projettent du vent, qui est représenté par des rayons.

ARBALÈTE. Se représente en pal, la corde détendue.

ARBRE. Les arbres sont figurés en blason *arrachés,
ébranchés, écimés* ou *fruités* secs ou avec feuilles. Le fruit
du chêne se dit *englanté*. Si le tronc de l'arbre est d'une
autre couleur que les feuilles, on le dit *fûté* de telle couleur.

I. *Palys* porte d'or à l'*yeuse* de sinople englanté d'or.
— II. *Bernet de Garros* (Guyenne) porte d'azur au pal
d'or chargé d'un *arbre* (aune) arraché de sinople, côtoyé

I   II   III

de deux licornes saillantes et affrontées d'argent. —
III. *Colas des Francs* porte d'or au *chêne* sur terrasse de
sinople, au sanglier passant de sable.

ARBRE GÉNÉALOGIQUE. Figure d'un arbre
dont le tronc sert de commencement pour la filiation
d'une famille, et dont les ramifications représentent par
ordre de primogéniture les différentes branches de cette
famille.

ARC. Se représente ordinairement en pal, la corde à
dextre.

ARC-EN-CIEL. Se figure en face ou en bande de
quatre émaux : or, gueules, sinople et argent.

ARME. Toutes espèces d'armes peuvent se représenter en blason.

I. *Marraud des Grottes* (Gascogne) porte de gueules à l'*épée* d'argent posée en bandes, au chef d'azur chargé de 3 étoiles d'or. — II. *Rocquigny du Fayel* porte d'ar-

<table>
<tr><td>I</td><td>II</td><td>III</td></tr>
<tr><td></td><td>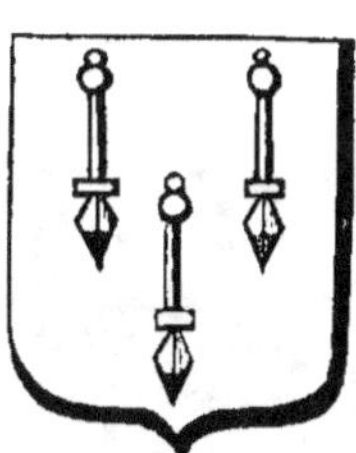</td><td></td></tr>
</table>

gent à trois *fers de lance* à l'antique émoussés de sable, posés 2 et 1, les pointes en bas. — III. *Pillot Chantrans* (Franche-Comté) porte d'azur à trois *fers de lance* posés la pointe en bas, 2 et 1.

ARMÉ. Terme de blason. Ongles et griffes d'ani-

maux, fers de lance et armes de cavaliers, lorsque leurs couleurs sont autres que celle du sujet principal. *Le Gac de Lansalut* (Bretagne) porte d'or au lion de sable *armé* et lampassé de gueules.

ARMES PARLANTES. Celles qui se rapportent,

dit Palliot, au nom de ceux qui les portent. *Virieu* (Dauphiné) porte de gueules à trois *vires* d'argent l'une en l'autre, mouvantes à dextre.

ARRACHÉ. Terme de blason. Arbres, plantes, têtes humaines et d'animaux qui paraissent arrachés.

I. *Avril de Burey* (Bretagne) porte d'argent à l'arbre *arraché* de sinople, au chef d'azur chargé de trois étoiles d'or. — II. *Calmels-Puntis* porte de gueules à trois

troncs d'arbre *arrachés* d'argent, posés 2 et 1 ; au chef cousu d'azur chargé de trois étoiles d'or. — III. *Ponnat* (Dauphiné) porte d'or à trois têtes de paon *arrachées* d'azur, posées 2 et 1.

ARRÊTÉ. Terme de blason. Animal dont les quatre pattes reposent sur le sol.

ARRONDI. Terme de blason employé pour toutes pièces qui sont rondes, contrairement à leur forme naturelle.

ASSIS. Terme de blason pour compléter la désignation des animaux domestiques représentés dans cette posture.

AVANT-MUR. Pan de muraille crénelée et adossée à une tour.

BADELAIRE. Arme de combat arrondie, tenant de l'épée et du sabre. Les *Guyon* portent parti au 1 d'azur à la tour crénelée d'argent, maçonnée de sable, soutenue de deux lions et accompagnée de trois *badelaires* d'argent, à la garde d'or, posés en face l'un sur l'autre.

BAILLONNÉ. Terme de blason pour indiquer l'émail du bâton que l'on place parfois entre les dents d'un animal.

BALANCE. Symbole de la justice. Rare en blason. La famille *Le Roy de Boiseaumarié* porte d'azur au chevron de gueules, accompagné en chef, à dextre d'une tour d'argent crénelée et démantelée, à sénestre d'une *balance,* et en pointe d'un livre ouvert, aussi d'argent. Canton de sénateur de l'empire.

BALEINE. On la dit, selon les émaux, *fiertée* de ses dents, *allumée* de son œil, *lorrée* de ses nageoires et *peautrée* de sa queue. Le plus souvent elle est représentée d'une seule couleur ou d'un seul métal.

BANDE. Pièce honorable occupant les deux septièmes de l'écu en sens diagonal de droite à gauche. On peut désigner héraldiquement jusqu'à trois bandes. Au delà les bandes prennent le nom de *cotices*. Les bandes peuvent être :

Abaissées.

Accompagnées.

Accostées.

Alaisées.

Bastillées.

Bordées.

Brétessées.

Cannelées.

Contre-potencées.

Cotoyées.

Crénelées.

Denchées.

Diaprées.

Échiquetées.

Émanchées.

Engoulées.

Engrêlées.

Faillies.

Frettées.

Fuselées.

Gironnées.

Losangées.

Nébulées.

Ondées.

Pliées.

Treillissées.

Vivrées.

I. Les *de Bruières* portent de sable à la bande d'or. — II. Les *de Trie* portent d'or à la bande d'azur. —

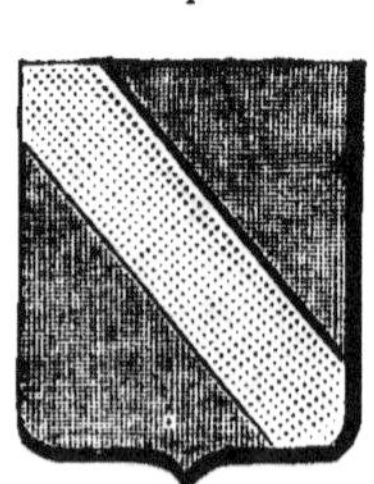

III. *Silhol* (d'Avignon), d'argent à la bande d'azur chargée de trois têtes d'angles arrachées d'or, languées de gueules. — IV. *Sarrazin de Bonnefont* porte d'argent à la bande de gueules chargée de trois coquilles d'or.

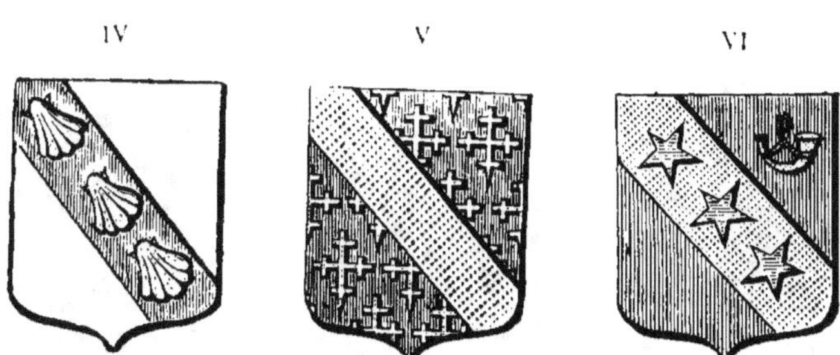

— V. La maison *de Bellevai,* en Ponthieu, de gueules, semé de croix recroisetées, au pied fiché d'or, à la bande de même brochante. — VI. *Bernard de la Vernette-Saint-Maurice,* de gueules à la bande d'or chargée de trois étoiles d'azur, accompagné à sénestre d'un cor de chasse d'or, enguiché et virolé d'azur. — VII. *Abbadie*

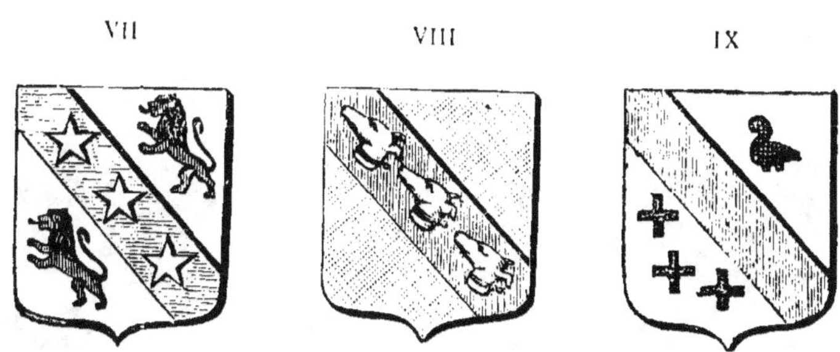

de Barrau, d'argent à une bande d'azur chargée de trois étoiles d'argent, et accompagnée en chef et en pointe d'un lion passant. — VIII. *Andoque de Sériège,* d'or

à une bande de gueules chargée de trois têtes de lévriers d'argent accolés de sable et bouclés d'or. — IX.
Boullaye de Thevray, d'argent à la bande de gueules

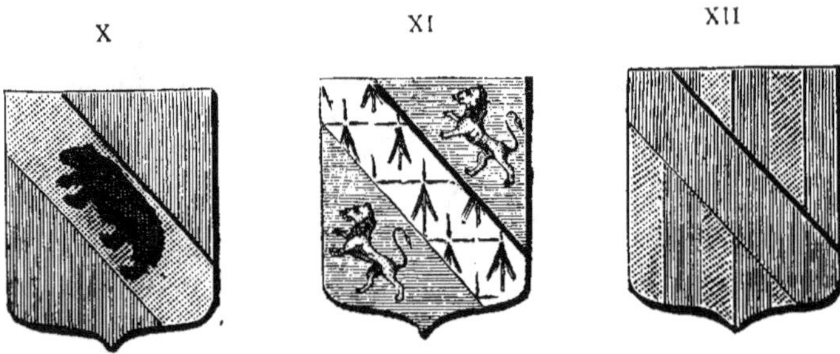

accompagnée en chef d'une merlette de sable, et en
pointe de trois croisettes du même en orle. — X. *De
Bon*, de gueules à la bande d'or chargée d'un ours
de sable. — XI. *Vallerand de la Fosse*, d'azur à la
bande d'hermine accompagnée de deux lions d'or, l'un
en chef et l'autre en pointe. — XII. Les marquis de
Foresta, palé d'or et de gueules, à la bande de gueules

brochante sur le tout. — XIII. *Le Clerc de Bussy*, d'argent à la bande de sable accompagnée en chef d'une

aigle, et en pointe d'une molette d'éperon de même.
— XIV. *D'Assonvillez,* d'azur à la bande dentelée d'argent, accompagnée en chef d'une étoile de même. —
XV. *La Baume-Pluvinel,* d'or à la bande vivrée d'azur, à une moucheture d'hermine en chef. — XVI.

Rochefort, de gueules à la bande ondée d'argent, accompagnée de six merlettes de même, mises en orle. —
XVII. *Blanchette,* d'azur à trois bandes d'argent. —
XVIII. *Bascle de Lagrèze,* d'argent à trois bandes de gueules, au chef d'azur chargé de trois étoiles d'or. —

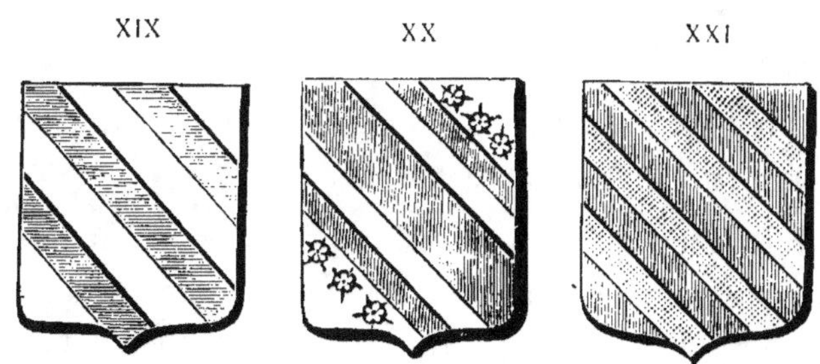

XIX. *Brac de Bourdonnel,* d'argent à trois bandes d'azur. — XX. *Sévedavy,* d'argent à la bande de gueules, accompagnée de deux cotices de même et de six roses feuillées de gueules. — XXI. *Du Vignau de la Lande de Luc,* de gueules à quatre bandes d'or.

BANDÉ. Terme de blason pour indiquer que tout l'écu est couvert de bandes.

BANDEROLE. Petite bannière mise au bout d'une lance, et que l'on plaçait au sommet des châteaux et des maisons franches.

BANNIÈRE. Enseigne de guerre de forme carrée. Les chevaliers bannerets portaient leur écusson sous cette forme, qui était considérée comme très noble.

BARBÉ. Terme de blason s'appliquant à la barbe émaillée d'un coq ou d'un dauphin.

BARBEAU. Poisson qui se place généralement en pal, la tête en haut. Il est rarement seul sur un blason. On le dénomme aussi *bar*.

I. La famille *de Soye* porte d'argent à deux barbeaux d'azur.

BARILLET. Petit tonneau dont le cerclage doit être indiqué lorsqu'il est d'un autre émail.

BARRE. Pièce de la même largeur que la bande, et qui se représente de gauche à droite de l'écu, dans le sens opposé à la bande. « Elle sert communément, dit Palliot, pour les bastards, comme venus, dit le proverbe, du côté gauche. »

I. *Salomon de la Chapelle* porte parti au 1 d'azur

à trois bandes d'or, au 2 d'azur à *barre* d'or. — II. *Bournonville* (branche cadette), au lion d'argent, armé,

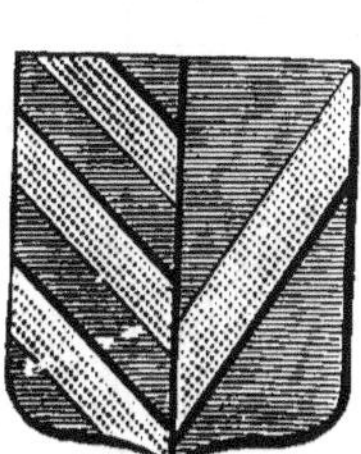

lampassé et allumé de gueules, couronné d'or, ayant la queue fourchée et passée en sautoir, à la *barre* de gueules brochante.

BARRÉ. Terme de blason. Écu couvert de barres.

BASTILLÉ. Terme de blason. Créneaux renversés qui accompagnent diverses pièces.

BATAILLÉ. Terme de blason pour indiquer l'émail du battant d'une cloche.

I. *Saint-Jean de Pointis* porte d'azur à la cloche d'argent *bataillée* de sable, accompagnée en pointe de

trois étoiles d'or posées 2 et 1. — II. *Finance de Clerbois* porte d'azur à trois cloches *bataillées* d'argent, posées 2 et 1.

BATARDISE. Les enfants naturels non reconnus des nobles n'avaient droit à aucun emblème héraldique, mais ils pouvaient recevoir des lettres d'anoblissement. Anoblis ou reconnus, ils portaient les armes paternelles, mais avec une brisure spéciale comme la barre, la cotice, un filet traversant l'écu, un bâton péri en barre. Les bâtards des rois de France, que l'on désignait sous le nom de *donnés* de France, reçurent pour brisure le bâton péri en barre et posé en abîme.

BATON. Le bâton est généralement employé comme signe de brisure. Il occupe le tiers de la langue d'une bande; il se pose tantôt en bande, tantôt en barre, et quelquefois *sur le tout*. Il se dit *péri* en bande ou en barre lorsque ses deux extrémités n'atteignent pas les bords de l'écu. On le distingue du *bâton noueux* lorsqu'il représente une branche d'arbre. Le bâton noueux doit toujours traverser tout l'écu.

BECQUÉ. Terme de blason employé pour définir l'émail du bec des oiseaux.

BEFFROI. Cloches dont on se servait pour sonner l'effroi. On les représente comme le *vair* en blason, avec cette différence qu'elles n'occupent que trois rangs. Lorsqu'elles en occupent deux seulement, on doit les nombrer.

BÉLIER. Se représente de profil, passant et les cornes tournées en spirale.

BESANT. Monnaie de Byzance ou sarrasine, de forme ronde, et qui est toujours de métal en blason. Ne pas faire confusion avec les *tourteaux,* qui ont la même forme, mais qui ne sont jamais de métal.

I. *Bourbel de Montpinçon* (Normandie) porte d'azur à trois *besants* d'or. — II. *Marquessac* (Périgord), d'azur à trois besants d'argent posés 2 et 1. — III. *Le*

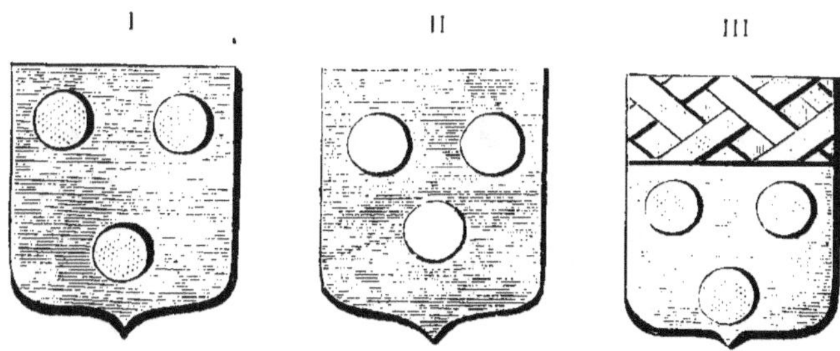

Caron (Touraine), d'azur à trois besants d'or posés 2 et 4, au chef cousu de gueules, fretté d'or. — IV. *Estienne de Saint-Jean* (Provence), de gueules à la bande d'or,

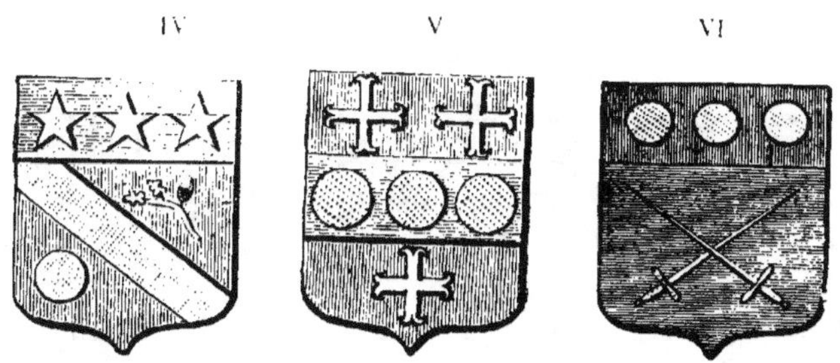

accompagnée en chef d'un gland d'or vêtu, tigé et feuillé du même, et en pointe d'un besant aussi d'or, au chef cousu d'azur, chargé de trois étoiles d'or. — V. *Ribault de Laugardière* (Normandie), de gueules à la fasce cousue d'azur, chargée de trois besants d'or, accompagnée de trois croix ancrées d'argent, deux en chef et une en pointe. — VI. *Neveu des Châteaux* (Normandie), d'azur, à deux épées d'argent passées en sautoir au chef de gueules chargé de trois besants d'or.

BESANTÉ. Terme de blason. Pièces chargées de besants.

BESANT-TOURTEAU. Se dit d'une pièce ronde dont une moitié est de métal et l'autre de couleur.

BIGARRÉ. Terme de blason dont on se sert pour indiquer les diverses couleurs du papillon.

BILLETTE. Petit carré long que l'on place perpendiculairement dans l'écu. Dans le cas contraire, on doit dire *billette couchée*.

I. La maison *de Chastellux* (Bourgogne) porte d'azur à la bande d'or, accompagnée de sept *billettes* de même,

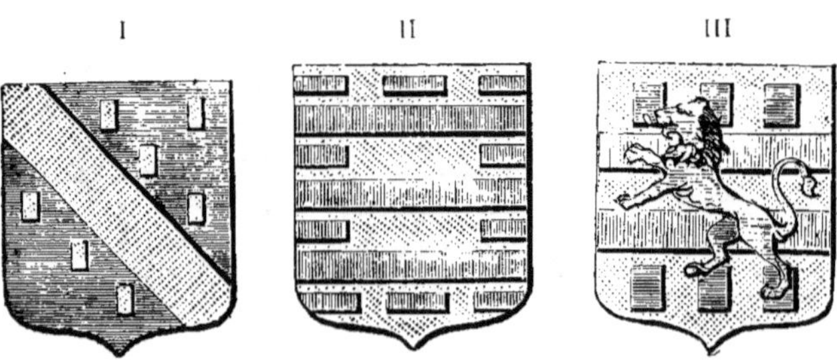

quatre en chef et trois en pointe. — II. *Mercoyrol de Beaulieu* (Languedoc), d'or à trois fasces de gueules et à dix billettes de même, posées en bordure. — III. Les barons *Pichon* (Touraine), d'or à deux fasces de gueules surmontées et soutenues de trois billettes d'azur, au lion de même, armé, lampassé et allumé de gueules brochant sur le tout.

BILLETTÉ. Terme de blason. Écu semé de billettes.

BORDÉ. Terme de blason pour définir l'émail de toute pièce héraldique qui est ornée d'une bordure en broderie.

I. *Fremyn de Sapicourt* (Champagne) porte d'argent à la fasce d'azur *bordée* d'or, de laquelle sortent des

flammes mouvantes du chef et de la pointe de l'écu. — II. *Vasshinac d'Imécourt* (Limousin), d'azur à la bande d'argent bordée de sable.

BORDURE. Ceinture du champ de l'écu, qui doit en occuper la sixième partie. Comme la bande, elle peut avoir diverses formes et être chargée de différentes pièces.

I. La famille *Rabuan de la Hammonoye* (Bretagne) porte d'argent à trois rocs d'échiquier de gueules, celui de la pointe soutenu d'un chevron renversé et alésé de même ; à la *bordure* de sinople. — II. Les *de la Marche,* d'argent, au chef de gueules, à la bordure de même. —

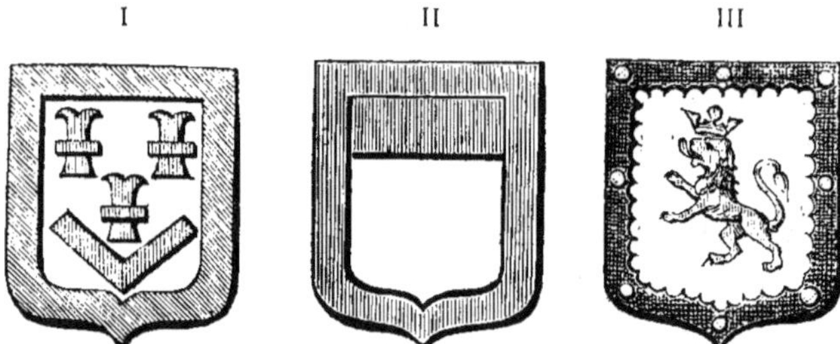

III. *Fournier de Saint-Maure,* d'argent au lion de gueules, armé, lampassé et couronné d'or, à la bordure engrêlée de sable, chargée de huit besants d'or. — IV. *Label*

de Lambel (Lorraine), d'argent au lambel de gueules, supportant un pin de sinople accosté de deux tours crénelées au naturel ; à la bordure d'azur semée de violettes d'or. — V. *De Vitton* (Bretagne), d'azur au chevron d'or, accompagné de cinq fusées de même, trois en chef et deux en pointe ; à la bordure componée d'hermine, chargée de huit couronnes à l'antique d'or. — VI. *De Manas* (Gascogne), d'azur à la croix d'argent, à la bordure de même, semée de tourteaux de sable.

— VII. *Breda* (Pays-Bas), écartelé aux 1 et 4 d'argent, au lion de gueules armé, lampassé et couronné d'or ; à la bordure de sable, chargée de onze besants d'or (qui est de Saint-Heeremberg), aux 2 et 3 d'argent à trois croissants

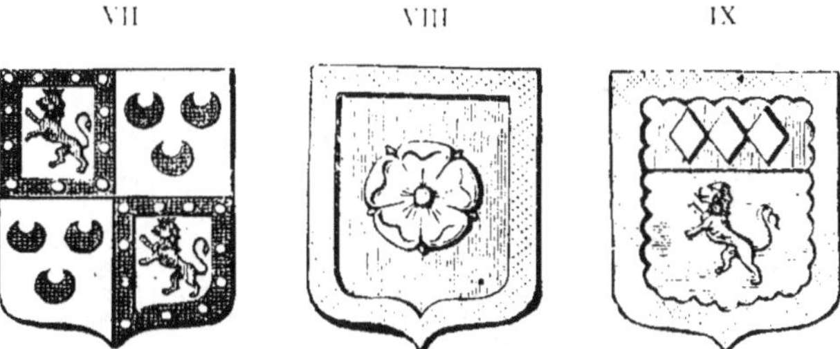

de sable. — VIII. *De Rechberg* (Alsace), de gueules à la rose d'argent boutonnée d'or, à la bordure d'or. — IX. *Orré* (Poitou), d'azur au lion d'or, armé et lampassé de gueules, au chef cousu de gueules, chargé de trois macles d'argent, à la bordure engrêlée d'or.

BOUC. Se représente de profil et passant. Il est dit *saillant* lorsqu'il se tient debout, *accorné* et *onglé*.

BOUCLE, BOUCLÉ. Pièces rondes ou carrées qui se placent dans le museau des bœufs, des lions, etc.

BOURDON. Bâton de pèlerin avec deux ornements

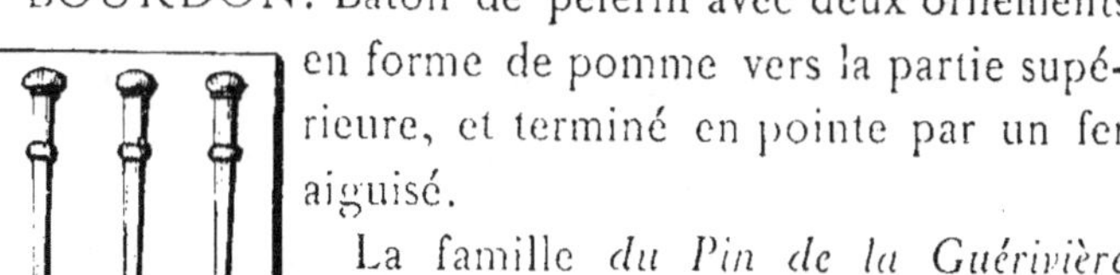

en forme de pomme vers la partie supérieure, et terminé en pointe par un fer aiguisé.

La famille *du Pin de la Guérivière* (Normandie) porte d'argent à trois bourdons de sable posés en pal.

BOURDONNÉ. Terme de blason dont on se sert

pour les croix dont les extrémités sont terminées en forme de bourdon.

BOUTEROLLE. Garniture du fourreau de l'épée.

BOUTOIR. Groin du sanglier. On ne le nomme que lorsque la hure est posée en pal ou en bande.

BOUTONNÉ. Terme de blason employé pour indiquer l'émail du milieu d'une fleur simple, ou les boutons d'un rosier complet.

I. *Gassot de Fussy* (Berry) porte d'azur au chevron d'or accompagné de trois roses d'argent boutonnées d'or.

BREBIS. Doit toujours être représentée *paissante*. Son mâle, le bélier, est figuré passant, de profil et avec cornes.

BRETESSÉ. Terme de blason appliqué aux pièces qui sont crénelées en sens régulier de haut et de bas. On dit contre-bretessé lorsque ces créneaux ne se rapportent pas l'un à l'autre.

BRIS D'HUIS. Ancienne garniture de fer soutenant les portes sur leurs pivots.

BRISURE. Terme de blason pour distinguer les membres puînés d'une famille d'après les armoiries. On brise :

1º En modifiant différentes pièces de blason ;

2º En changeant les couleurs ou les métaux des pièces principales de l'écu ;

3º En changeant de place les pièces principales ;

4° En retranchant ou en y ajoutant une ou plusieurs pièces.

Le lambel, la bordure, le bâton péri et quelques autres pièces ont été généralement adoptés par la noblesse française pour briser.

BRISÉ. Terme de blason employé pour indiquer la séparation des chevrons vers leur angle supérieur.

I. *Jarry de Minzé* porte d'azur au chevron *brisé* d'argent, traversé d'une épée de même montée d'or, accompagnée en chef de deux chouettes d'argent bec-

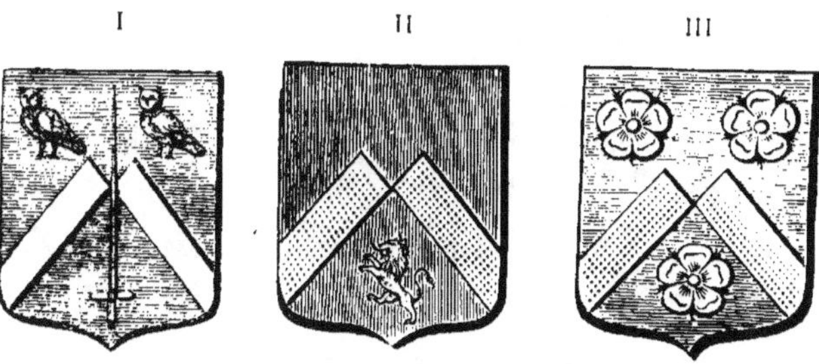

quées et allumées de gueules. — II. *Ponsort* (Champagne), de gueules au chevron brisé d'or, au lion naissant en pointe de même.— III. *Rozier de Linage,* de gueules au chevron brisé d'or, accompagné de trois roses d'argent 2 et 1.

BROCHANT. Terme de blason pour toute pièce qui passe sur d'autres. On dit *brochant sur le tout* lorsque la pièce brochante traverse tout l'écu.

I. *Nadault de Buffon* porte écartelé aux 1 et 4 d'argent, aux 2 et 3 d'azur, le 2 à deux faisceaux d'armes antiques, le 3 à un faisceau de même, à une bande de gueules, *brochante sur le tout,* chargée de trois étoiles d'argent. — II. *Des Robert,* d'azur à la fasce d'argent, accompagnée en chef de deux étoiles de même, et en

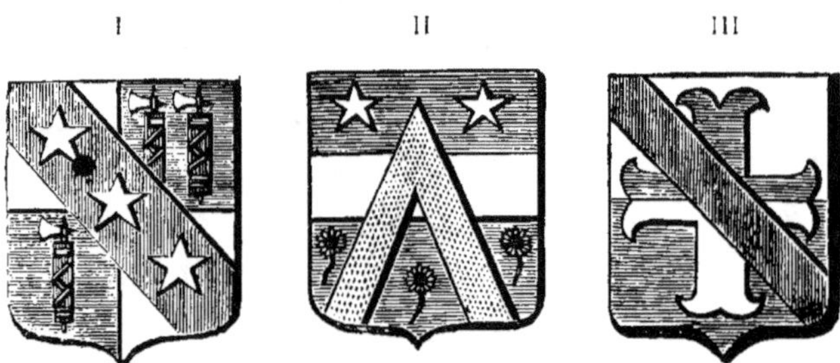

pointe de trois soucis d'argent posés 2 et 1 ; au chevron d'or brochant sur le tout. — III. *Du Puy de Podio,* coupé d'argent et d'azur, à la croix ancrée de l'un en l'autre, à la bande de gueules brochante sur le tout.

BUFFLE. Se distingue du taureau, en blason, par un muffle gros et court et par un bouquet de poils entre les cornes.

BURÈLES. Ce sont de petites fasces au nombre de six ou de huit, c'est-à-dire *pair.* Lorsqu'on en rencontre d'impaires, elles doivent être dénommées *trangles.*

BURELÉ. Terme de blason pour désigner dix petites fasces. S'il y a douze fasces, il faut les nombrer; au-dessous de dix fasces, on dit *fascé.*

BUSTE. Partie supérieure du corps humain, que l'on représente toujours de front nue ou habillée; elle peut être de profil, mais, dans ce cas, il faut l'indiquer en blasonnant.

CABRÉ. Terme de blason employé pour un cheval acculé.

CANNELÉ. Terme de blason. Se dit des pièces honorables dont les bords sont découpés avec les pointes en dedans, pour les différer de l'*engrêlé*, dont les pointes sont en dehors.

CANETTES. Petites canes que l'on représente avec becs et ongles et de profil. Il ne faut pas les confondre avec les *merlettes*, qui ne doivent avoir ni becs ni ongles.

I. *De Greban de Pont-Ourny* (Ile-de-France) porte d'azur au chevron d'argent, accompagné de trois étoiles d'or mal ordonnées en chef et d'une *canette* en pointe de même. — II. *Beynaguet de Pannautier* (Languedoc)

porte d'argent à la canette de sable becquée et membrée de gueules, nageant sur une rivière de sinople; au chef cousu d'or, à trois losanges de gueules.

CANON. Pièce d'artillerie. Se dit *affûté* quand l'affût est d'un émail particulier, et *démonté* lorsqu'il est sans affût.

CANTON. Petit carré pris sur le chef de l'écu aux angles dextre ou sénestre.

Les maisons : I. *De Moré de Pontgibaud* (Auvergne) porte de gueules à trois bandes d'or, au franc *canton* d'hermine. — II. *Dalamel de Bournet* (Vivarais) porte tiercé en fasce, au 1 d'azur au croissant d'argent, au

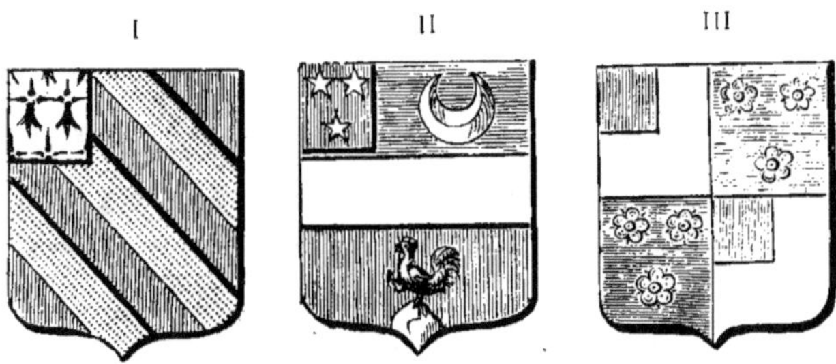

canton de gueules chargé de trois étoiles d'argent, au 2 d'argent plein, au 3 de gueules au coq chantant d'argent sur un roc en pointe de même. — III. *De Buisson de Courson* (Normandie) porte écartelé aux 1 et 4 d'argent, aux *canton* de gueules ; au 2 et 3 d'azur à trois roses d'or.

CANTONNÉ. Terme de blason employé pour désigner la situation des figures accessoires qui accompagnent la croix ou le sautoir.

I. *De Cantel de la Mauduite* (Normandie) porte d'argent au sautoir de gueules, *cantonné* de quatre mouchetures d'hermine. — II. *Briant de Laubrière* (Bretagne) porte d'argent au sautoir d'azur, cantonné de quatre roses de gueules. — III. *Tardif de Moidrey* (Normandie) porte d'azur à la croix d'or, *cantonnée* en chef de deux roses, et en pointe de deux coquilles d'argent.

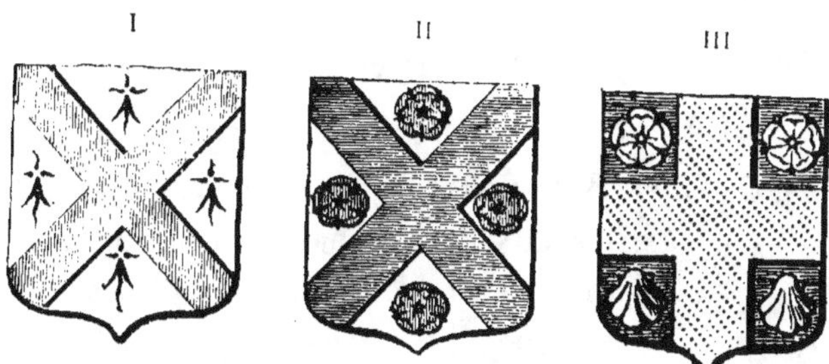

CARNATION. Couleur naturelle. Les *Martin de Boudard* (Provence) portent d'argent aux deux jumeaux accouplés de *carnation*, posés sur une terrasse de sinople.

CARREAU. Meuble de l'écu représentant un carré parfait.

CASQUE. Comme meuble de l'écu, on le pose de profil ou de face; il prend aussi le nom d'*armet* ou de *heaume*.

Roger de Sivry (Ile-de-France) porte écartelé au 1 de sable, au casque de chevalier d'argent taré de profil; au 2 de sable, au rempart d'argent maçonné de sable; au 3 d'azur, au chevron d'or accompagné de trois étoiles de même ; au 4 d'azur au lion d'argent traversé d'une flèche de même.

CAUDÉ. Terme de blason. Se dit de l'émail ou de la couleur des queues de comète.

CEP DE VIGNE. Pied de vigne avec son échalas.

CERCLE. Meuble de blason. La famille *de Bouet-*

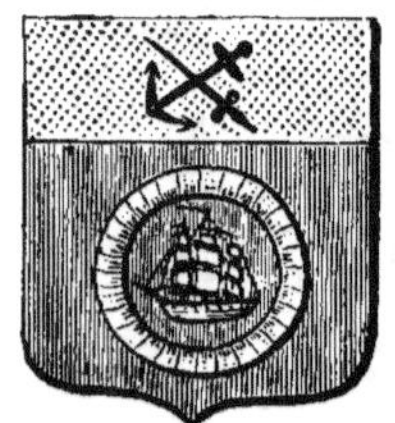

Willaumez (Bretagne) porte de gueules au vaisseau habillé et équipé d'argent, entouré d'un *cercle* divisé d'or, au chef d'or chargé d'une épée de sable et d'une ancre de même posées en sautoir.

CERCLÉ. Terme de blason. Se dit d'un tonneau ou d'un barillet dont les cercles sont d'un émail spécial.

CERF. Se représente de profil et passant. S'il paraît courir, on le dit *élancé ;* couché, *en repos ;* dressé sur ses pattes de devant, *saillant.* Il est *ramé* ou *onglé,* selon que son bois ou les ongles de ses pieds sont d'un autre émail que le corps.

Les *de la Garde* (Vivarais) portent d'argent au *cerf* naturel élancé, au chef d'azur chargé de trois étoiles d'argent.

CHAMPAGNE. Pièce honorable occupant deux parties du bas de l'écu sur les huit parties de sa hauteur. La *plaine* n'a qu'une partie de cette hauteur.

CHAPÉ. Pièce *voulant* représenter le manteau ou chape d'un religieux. Elle se représente sous la forme d'un chevron absorbant tout le bas d'un champ de blason.

CHAPEAU. Se représente avec bords abattus.

CHAPERON. Coiffure de cuir dont on revêt les oiseaux de proie.

CHAPERONNÉ. Terme de blason spécial pour les éperviers.

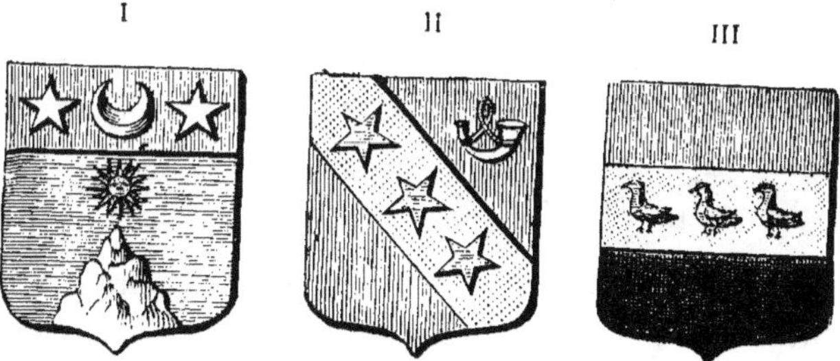

Mangot d'Orgères (Poitou) porte d'azur à trois éperviers d'or *chaperonnés* de gueules, liés d'argent.

CHARDON. Plante bien connue. On dit le chardon *fleuri* lorsque sa couronne est d'un émail particulier.

CHARGÉ. Terme de blason dont on se sert pour toute pièce qui en surcharge une autre.

I. *Pierredon de Ferron* porte d'azur au rocher en pyramide d'argent, surmonté d'un soleil d'or; au chef

cousu de gueules, *chargé* d'un croissant d'argent accompagné de deux étoiles de même. — II. *Bernard de la*

Vernette (Bourgogne) porte de gueules à la bande d'or *chargée* de trois étoiles d'azur, accompagnée à sénestre d'un cor de chasse d'or, enguiché et virolé d'azur. — III. *Colomb de Battine* (Maine) porte tiercé en

IV   V   VI

fasce de gueules, or et sable, l'or *chargé* de trois colombes d'azur becquées de gueules. — IV. Les *de Sade* (Provence) portent de gueules à l'étoile à huit raies d'or, *chargée* d'une aigle éployée de sable, becquée, onglée et diamantée de gueules. — V. *Le François des Courtis* porte d'azur à la tour d'argent *chargée* de trois mouchetures d'hermine de sable, accostée de deux fleurs de lis d'argent et soutenue d'une croisette de même. — VI. *Dion de Ricquebourg* (Artois) porte d'argent à l'aigle éployée de sable, *chargée* d'un écusson de sable (à enquerre ?) *surchargé* d'un lion d'or bordé et engrêlé de même.

CHATEAU. Forteresse flanquée de deux tours. S'il y en a plus, il faut les nombrer. Le château est dit *ouvert* de ses portes, *ajouré* de ses fenêtres, *maçonné* des joints de pierres et *girouetté* de ses girouettes.

I. Les *de Chateaupers* portent d'azur au *château* de trois tours d'argent. — II. *Vyau de la Garde* (Nivernais) porte d'azur au *château* de ville ouverte, trois tours d'argent, maçonné de sable, la tour du milieu sommée d'un lion

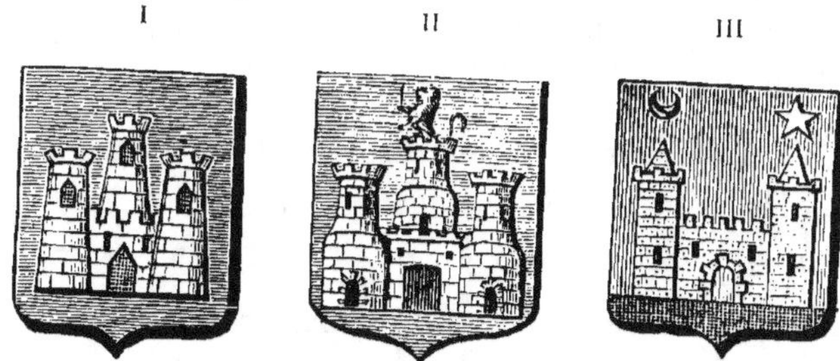

issant d'ór, armé et lampassé de gueules, tenant dans sa patte dextre une demi-pique d'or, armée de sable et houppée de gueules. — III. *De Chasteau* (Aunis) porte de gueules au *château* d'or posé sur une terrasse de sable, maçonné et crénelé de même, ajouré du champ, surmonté à dextre d'un croissant d'argent, et à sénestre d'une étoile de même. — IV. *De Sèze* porte les armes de concession :

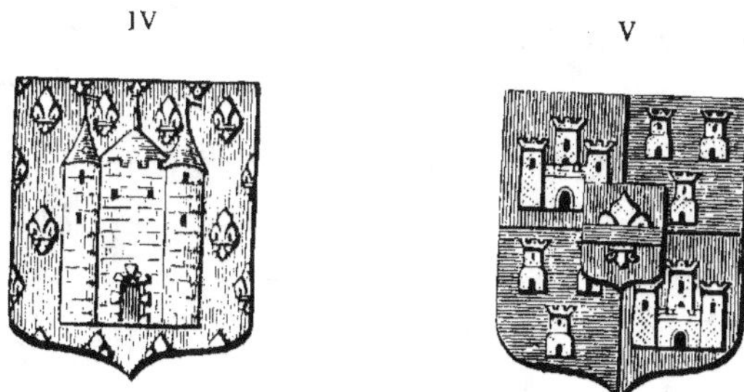

de gueules semé de fleurs de lis d'argent, au *château* (tour du Temple) d'argent, ajouré du champ et couvert d'azur. — V. *Ripert d'Artaud de Montauban* porte écartelé aux 1 et 4 de gueules, au *château* à trois tours d'or, qui est d'ARTAUD ; aux 2 et 3 d'azur, à trois tours d'or, qui est de MONTAUBAN ; et sur le tout de gueules, à la fleur de lis d'or, à la fasce d'azur brochante sur le tout, qui est de RIPERT-MOUCLAR.

CHÂTELÉ. Terme de blason pour désigner les bordures et les lambels qui sont chargés de huit ou de neuf châteaux.

CHAT. Se représente de profil, passant et la tête vue de front.

CHAUDIÈRE. Pièce héraldique assez rare. Les mar-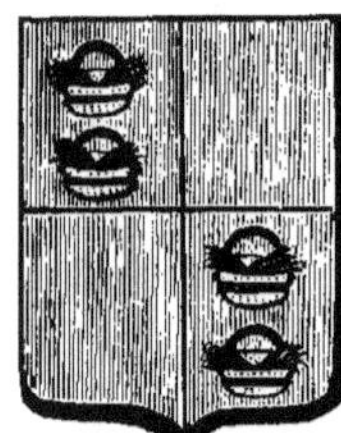quis de *Narbonne-Lara* portent écartelé aux 1 et 4 de gueules, à deux *chaudières* fascées d'or et de sable, en chacune huit serpents de sinople issants du côté de l'anse, qui est de LARRA ; aux 2 et 3 de gueules plein, qui est de NARBONNE.

CHAUSSÉ. Pièce qui se représente à l'inverse du *chapé*, c'est-à-dire sous la forme d'un chevron plein renversé.

CHAUSSE-TRAPE. Instrument de guerre à quatre pointes aiguës en fer que l'on jetait sur le sol pour blesser les pieds des chevaux.

CHEF. Pièce honorable occupant le tiers de la partie supérieure de l'écu. Comme la bande et toutes les autres pièces honorables, il peut avoir différentes formes, et dès lors différents surnoms. En voici quelques exemples :

I. *Pagèze de la Vernède* (Toulouse), de gueules au *chef* d'argent. — II. *De Joussineau* (Auvergne), de

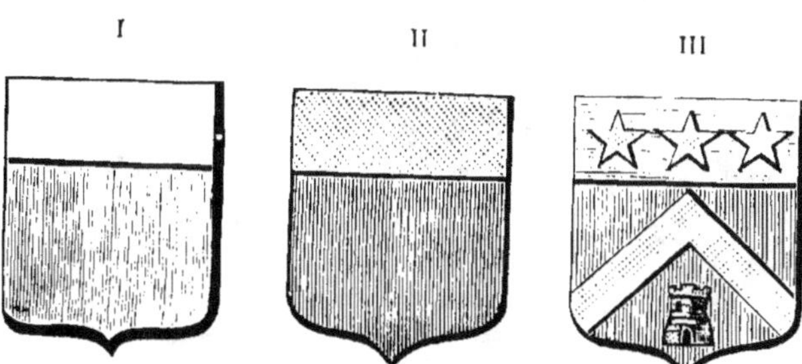

gueules au *chef* d'or. — III. *Lafabrie de Cassagne* (Rouergue), de gueules au chevron d'or accompagné d'une tour de même en pointe, au *chef* cousu d'azur chargé de trois étoiles d'or. — IV. *Yzarn de Freyssinet,*

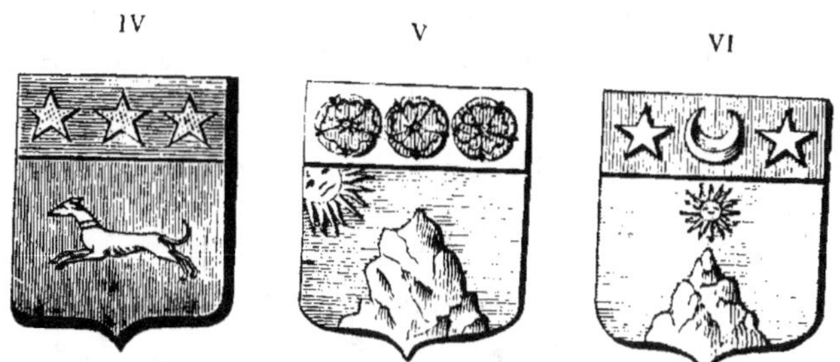

de gueules à la levrette courante d'argent colletée d'or, au *chef* d'azur chargé de trois étoiles d'or. — V. *De Rouquairol* (Languedoc), d'azur au rocher d'argent surmonté d'un soleil de même, mouvant de la dextre de l'écu ; au *chef* d'argent chargé de trois roses de gueules. — VI. *De Pierredon de Ferron* (Languedoc), d'azur au rocher en pyramide d'argent, surmonté d'un soleil d'or; au *chef* cousu de gueules chargé d'un croissant d'argent accompagné de deux étoiles de même. — VII.

De *Rozière* (Lorraine), d'argent à la bande de sable chargée d'un lion léopardé d'or, accompagnée de deux roses de gueules; au *chef* d'azur chargé de trois étoiles d'argent. —VIII. De *Tanquerel* (Normandie), d'argent à trois arbres de sinople arrachés, au chef de gueules chargé d'un croissant d'argent accosté de deux étoiles d'or. — IX. *Despréaux de Saint-Sauveur* (Picardie), d'azur à trois bandes d'argent, au *chef* d'argent chargé

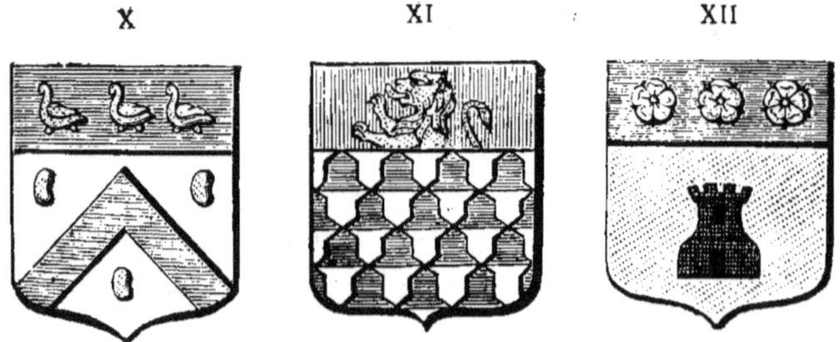

de trois étoiles de sable. — X. *Favier de la Chomette* (Velay), d'argent au chevron d'azur accompagné de trois fèves d'or, au *chef* d'azur chargé de trois merlettes d'or. — XI. *De Monteynard,* de vair au *chef* de gueules, au lion issant d'or. — XII. *Druolles de Campagnolles* (Armagnac), d'or à la tour de sable, au *chef* d'azur chargé de trois roses d'or. — XIII. *Féron de Longcamp*

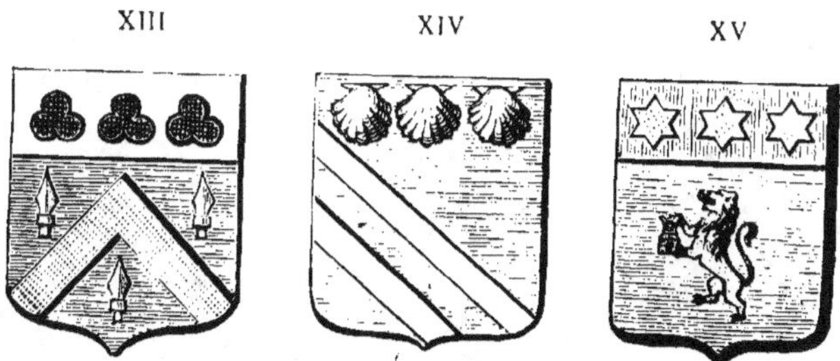

(Normandie), d'azur au chevron d'or accompagné de trois fers de lance d'argent, au *chef* d'argent chargé de trois tierce-feuilles de sable. — XIV. *De Roton,* d'azur à deux cotices d'argent accompagnées *en chef* de trois coquilles de même. — XV. *Rodriguez d'Evora* (Portugal), d'argent au lion d'or tenant entre ses pattes une tour de même, au *chef* de même chargé de trois quinte-feuilles d'or. — XVI. *D'Arodes de Tailly* (Guyenne), d'argent

au chevron d'azur accompagné en pointe d'un croissant de même, au *chef* de gueules chargé de trois étoiles d'or. — XVII. *De Belot* (Languedoc), d'argent au lion de gueules rampant contre un pin de sinople sur une terrasse de même, au *chef* de gueules à trois étoiles d'or. — XVIII. *D'Amade* (Normandie), d'argent au lion de sable armé et lampassé de gueules, au *chef* d'azur chargé de trois besants d'argent. — XIX. *Lamy* (Lorraine), d'argent au

chef d'azur chargé d'un croissant d'argent. — XX. *De Poli* (Corse), d'argent à trois violettes d'azur tigées et feuillées de sable, au *chef* d'azur, à la molette d'éperon à huit pointes d'or. — XXI. *Roger de la Lande* (Quercy), d'azur au chevron d'argent chargé à la pointe d'un croissant de gueules, au *chef* d'argent chargé de trois

roses de gueules. — XXII. *Taillepied de Bondy,* d'azur
à trois croissants d'or, au *chef* d'or chargé de trois
molettes de gueules. — XXIII. *De Bodin de Boisrenard*
(Cambrésis), d'azur au chevron d'or accompagné de
trois roses de même, au *chef* d'argent chargé de trois
merlettes d'azur.—XXIV. *De Faucher* (Comtat Venaissin),
d'azur à trois bandes d'or, au *chef* d'argent chargé de
trois mouchetures d'hermine. — XXV. *D'Erm,* d'azur
au pélican d'or, au *chef* cousu de gueules chargé de

XXV   XXVI   XXVII

trois billettes d'argent. — XXVI. *Pellerin de Beauvais*
(Normandie), d'azur au chevron d'or accompagné de
trois étoiles d'argent, au *chef* de sable chargé de trois
coquilles d'argent. — XXVII. *De Portal* (Languedoc),
d'argent au lion rampant de sable, au *chef* d'azur
chargé de six étoiles d'or posées 3 et 3.—XXVIII. *D'Al-*

XXVIII   XXIX   XXX

lard (Dauphiné), de gueules au cœur d'or traversé par une flèche de même posée en bande, soutenu par un croissant de même, au *chef* cousu d'azur chargé de trois étoiles d'argent.—XXIX. *Mondot de Lagorce* (Guyenne), de gueules au lion d'or, au *chef* cousu de sable chargé de trois étoiles d'argent. — XXX. *De la Paillonne* (Comtat), d'or à l'ourse passante de sable, au *chef* d'azur chargé d'une étoile d'argent. — XXXI. *De Barbier de*

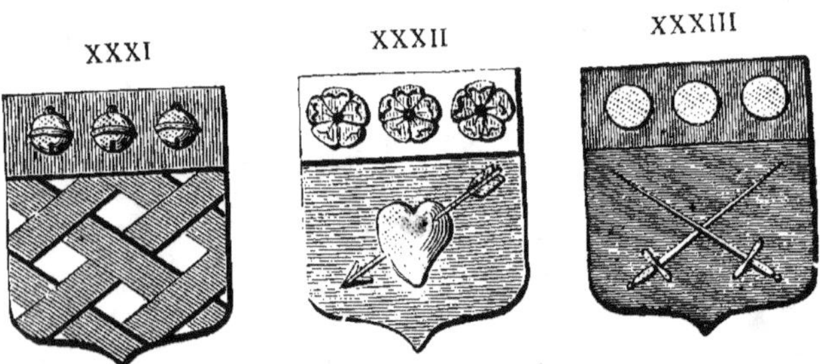

Felcourt (Champagne), d'argent fretté de sinople, au *chef* de gueules chargé de trois grelots d'or. — XXXII. *Roselly de Lorgues* (Provence), d'azur au cœur percé d'une flèche d'or en barre, au *chef* d'argent chargé de trois roses de gueules. — XXXIII. *Neveu des Chateaux*

(Normandie), d'azur à deux épées d'argent passées en sautoir aux poignées d'or, au *chef* cousu de gueules chargé de trois besants d'or. — XXXIV. *De Mauret* (Languedoc), d'argent à trois têtes de Maure de sable, au *chef* d'azur chargé d'un croissant d'argent accosté de deux étoiles de même. — XXXV. *De Rességuier* (Rouergue), d'or au pin de sinople, au *chef* d'azur chargé de trois quinte-feuilles d'argent. — XXXVI. *Boistard de Prémagny* (Normandie), d'azur à trois aigles d'argent posées 2 et 1, au *chef* d'or chargé de trois molettes de sable.

CHÈNE. Le chêne, qui est généralement de sinople, peut être *arraché, englanté, coupé,* etc.

Le baron *du Roure de Beaujeu* porte d'azur au *chêne* d'or, à trois racines et quatre branches passées en sautoir, englanté de même.

CHEVAL. Commun en armoiries. Il peut être *animé* de son œil, *bardé, houssé* et *caparaçonné* de ses harnais; *cabré, courant, gai, effaré,* selon sa position dans l'écu. On représente fréquemment la tête seule. Les *Martha-Becker* (de Mons) portent au 1 d'azur à l'épée d'argent montée d'or ; aux 2 et 3 d'or, la *tête de cheval* de sable arrachée et animée du champ; au 4 d'azur à trois étoiles d'argent posées en pal.

CHEVELÉ. Terme de blason pour indiquer l'émail des cheveux. La maison *de Saint-Prix de Soubeyran* (Vivarais) porte coupé au 1 d'azur au buste féminin *chevelé* et couronné d'or, accosté de deux croissants d'or en chef; au 2 d'argent à trois tours de gueules posées 2 et 1, au chef de gueules chargé de trois macles d'argent.

CHEVILLÉ. Terme de blason employé spécialement pour indiquer les ramures d'une corne de cerf.

CHEVRON. Pièce honorable qui occupe deux parties sur les sept de la largeur de l'écu, et toute la hauteur de l'écu lorsqu'il surcharge une pièce honorable. Il prend diverses formes, selon les exemples suivants:

I. Les *Doncœur* (Picardie), d'or au *chevron* de gueules. — II. *Richer de Monthéard* (Maine), d'or au *chevron* de gueules chargé de trois croisettes d'or. — III. *Thomas de Pange* (Lorraine), d'argent au *chevron* d'azur

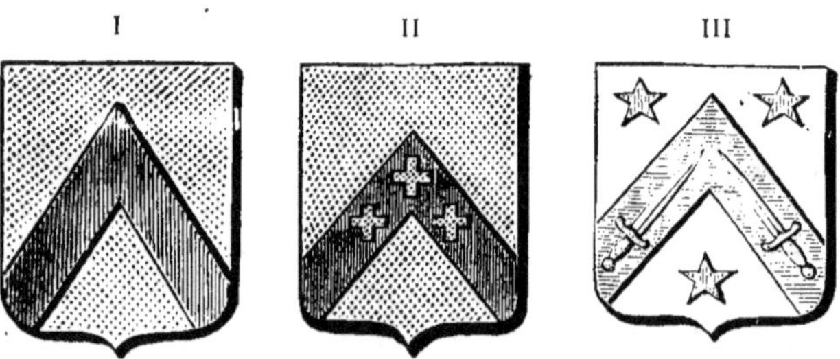

chargé de deux épées d'argent garnies d'or, et accompagné de trois étoiles de gueules. — IV. *Arundel de Condé* (Normandie), d'argent au *chevron* de gueules accompagné de trois hirondelles de sable. — V. *Abric de Fenouillet* (Languedoc), d'azur au *chevron* cousu de gueules, accompagné en chef, à dextre, d'un soleil d'or,

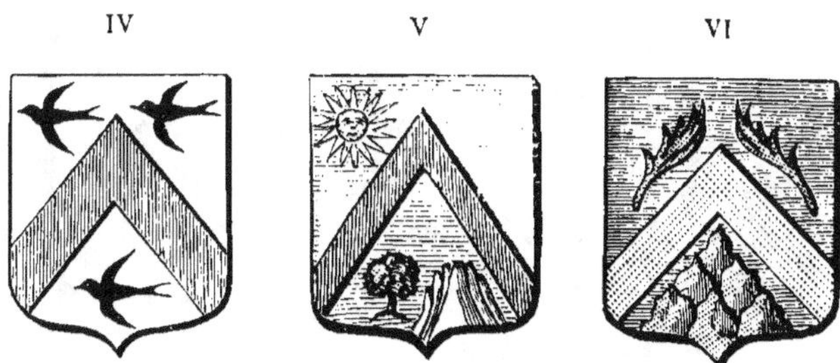

IV   V   VI

et en pointe d'une montagne à six coupeaux d'argent, à dextre d'un arbre d'or. — VI. *De Praneuf* (Languedoc), d'azur au *chevron* d'or accompagné en chef de deux palmes adossées, et en pointe d'une montagne à six coupeaux d'or. — VII. *La Borde-Caumont,* d'azur au *chevron* d'or accompagné en chef de deux roses, et en

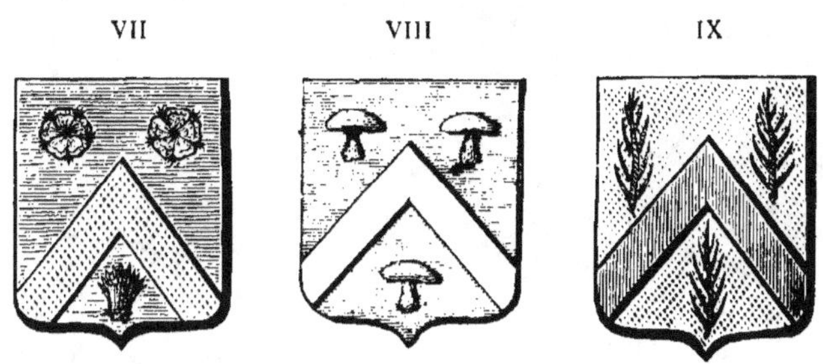

VII   VIII   IX

pointe d'une gerbe de blé du même. — VIII. *Guyot d'Amfreville* (Normandie), d'azur au *chevron* d'argent accompagné de trois champignons d'or. — IX. *Robin de Coulogne* (Bretagne), d'or au *chevron* de gueules accompagné de trois palmes de sinople. — X. *De Po-mereu* (Normandie), d'azur au *chevron* de sable accom-pagné de trois pommes tigées et feuillées d'or. — XI.

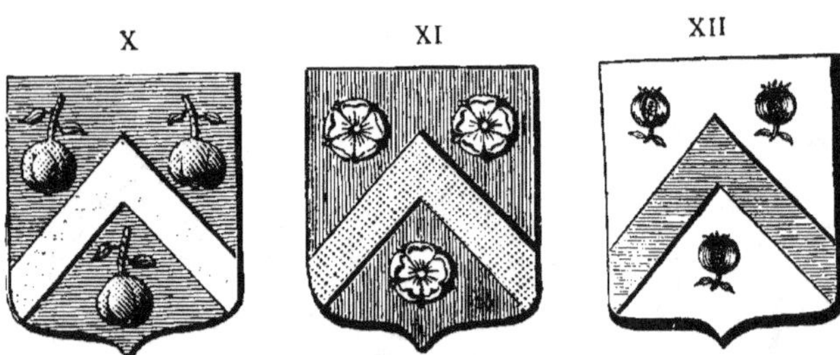

Reynaud de Montlosier, de gueules au *chevron* d'or accompagné de trois roses d'argent. — XII. *Durant de la Pastellière* (Bretagne), d'argent au *chevron* d'azur accompagné de trois grenades au naturel. — XIII. *Vi-meur de Rochambeau* (Touraine), d'azur au *chevron* d'or

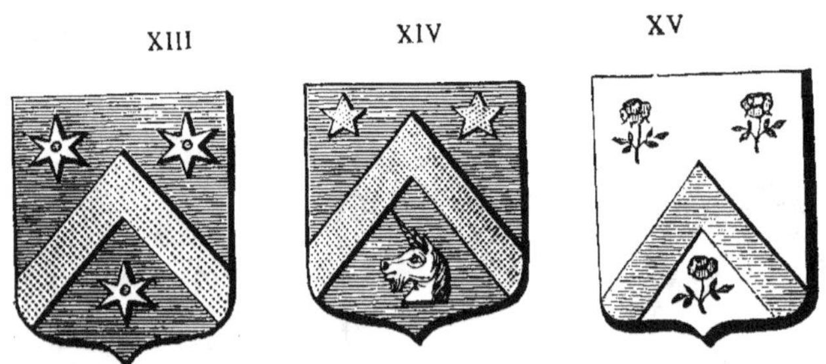

accompagné de trois molettes d'éperon d'argent.—XIV. *Belot de Ferreux*, d'azur au *chevron* d'or accompagné en chef de deux étoiles de même, et en pointe d'une tête de licorne coupée d'argent. — XV. *Marchant de Vernouillet* (Normandie), d'argent au *chevron* d'azur accompagné de trois roses de gueules tigées et feuillées de sinople. — XVI. *Pommeret de Varennes,* d'azur au *chevron* d'or chargé d'une rose de gueules, et accompagné en chef

de deux pommes d'argent, et en pointe d'une raie de même. — XVII. *Zylof de Steenbourg* (Flandre), de gueules au *chevron* d'or accompagné de trois pommes de pin de même. — XVIII. *Pelletier de Chambure* (Bourgogne), d'azur au *chevron* d'or accompagné de trois pommes de pin de même, et sommé d'une étoile d'argent en chef. — XIX. *Seguin de Jallerange* (Franche-Comté), d'azur au *chevron* d'or accompagné en chef de deux quinte-

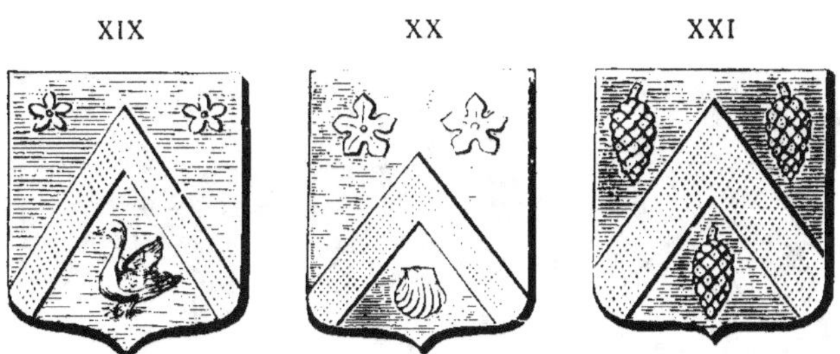

feuilles d'argent, et en pointe d'un cygne essorant. — XX. *Sezille* (Soissonnais), d'azur au *chevron* d'or accompagné en chef de deux roses d'argent, et en pointe d'une coquille de même. — XXI. *Pinson* (Berry), d'azur au *chevron* d'or accompagné de trois pommes de pin de même. — XXII. *De Chabron de Solihac* (Auvergne), d'azur au *chevron* d'or surmonté de trois pattes de

griffon de même, rangées en chef. — XXIII. *De Romanet* (Poitou), d'argent au *chevron* de gueules chargé d'une étoile d'or, surmonté d'un lambel à trois pendants de gueules et accompagné de trois branches de romarin de Sinople. — XXIV. *De Carmejane,* d'or au *chevron* de gueules accompagné de trois flammes du même, au

chef d'azur chargé de trois étoiles d'argent. — XXV. *Picot de Moras,* d'or au *chevron* d'azur accompagné de trois falots de gueules, au chef de même. — XXVI. *Guilhe de Villers* (Dauphiné), d'azur au *chevron* d'or accompagné de trois fers de lance, au chef d'argent chargé de trois molettes d'éperon de gueules. XXVII. *De Vernot de Jeux* (Bourgogne), d'or au *chevron* de gueules accompagné en chef de trois étoiles d'azur, en

pointe d'une quatrième du même surmontant une croix alaisée de gueules. — XXVIII. *De la Farge* (Auvergne), d'azur au *chevron* d'argent surmonté d'un croissant de même et accompagné en chef de deux étoiles d'argent, et en pointe d'un hêtre d'or. — XXIX. *De Chastenet-*

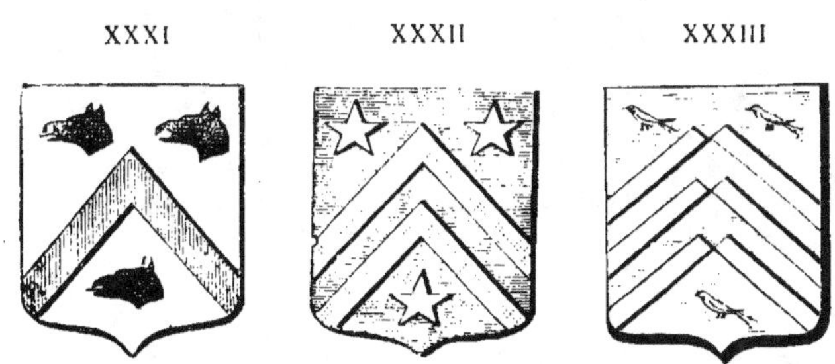

Puységur (Armagnac), d'azur, au chef d'or, au *chevron* d'argent, au lion léopardé d'or. — XXX. *De Dienne,*

d'azur au *chevron* d'argent accompagné de trois croissants d'or. — XXXI. *Hane-Steenhuyse,* d'argent au *chevron* de gueules accompagné de trois têtes de griffon de sable languées de gueules. — XXXII. *De la Boulie* (Provence), d'azur à deux *chevrons* d'or accompagnés de trois étoiles d'argent. — XXXIII. *Martinet* (Lorraine), d'azur à trois *chevrons* brisés d'argent accompagnés de trois martinets de même.

CHEVRONNÉ. Terme pour blasonner un écu rempli de chevrons ou toute pièce spéciale qui est chargée de chevrons.

CHIEN. Comme meuble de blason, on le représente de profil et passant.

I. *Le Gendre de Luçay* (Lyonnais) porte d'azur, au chevron d'or, accompagné en chef de deux étoiles du même, et en pointe d'un *lévrier* courant d'argent accolé

de sable. — II. *De Berluc-Perusis* (Provence) porte écartelé, aux 1 et 4 coupés : 1° d'argent au *lévrier* passant de sable, 2° de gueules à la croix d'or ; aux 2 et 3 d'azur à la poire d'or.

CHOUETTE. Se représente, comme le chat, de profil, avec la tête vue de front.

Jarry de Minzé porte d'azur au chevron brisé d'argent, traversé d'une épée de même, montée d'or et accompagnée en chef de deux *chouettes* d'argent becquées et allumées de gueules.

CLARINÉ. Terme de blason pour distinguer l'émail des clochettes dont on pare les animaux.

CLÉCHÉ. Terme de blason pour désigner les croix dont les extrémités sont terminées en forme d'anneaux de clefs.

CLEF. Assez communes en armoiries, où elles sont

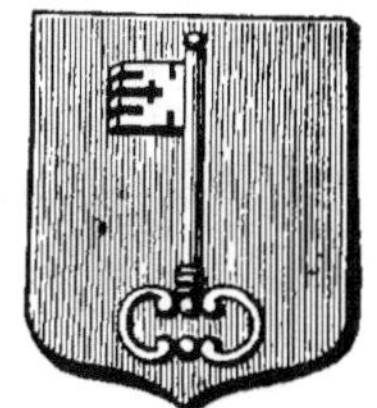

représentées en fasce, en bande, en pal, etc.

Les *De Bonnel-Claverie* (Languedoc) portent de gueules à la *clef* d'argent posée en pal.

CLOCHE (Clochette). Pièce assez commune en blason. Les battants se disent *bataillés* ou *tympanés*.

I

II

I. Les marquis de *Saint-Astier* (Périgord) portent d'argent à trois aigles de sable posées en chef 2 et 1, et en pointe trois *cloches* de même *bataillées* d'or. — II. Les *De Finance de Clerbois* (Lorraine) portent d'azur à trois *cloches* tympanées d'argent posées 2 et 1.

CLOUÉ. Terme de blason pour distinguer les clous apparents des fers d'un cheval ou d'un collier quelconque.

COLLETÉ. Terme de blason employé pour les colliers dont on revêt les animaux.

COLOMBE. Cet oiseau doit être dessiné de profil.

Il est presque toujours d'argent. La tourterelle est représentée de sable. La famille *De Saisy de Kerampuil* (Bourgogne) porte écartelé : aux 1 et 4 de gueules à l'épée d'argent posée en barre, pointée sur une guêpe et surmontée d'une hache d'armes de même ; aux 2 et 3 de gueules à trois *colombes* d'argent posées 2 et 1.

COLONNE. Se représente généralement avec un socle et un chapiteau dont les émaux peuvent être différents.

I   II

Les familles suivantes portent : I. *Colin de la Brune-rie* (Dauphiné), d'azur à trois *colonnes* d'or rangées en pal. — II. *De Toustain du Manoir* (Normandie), de gueules à trois *colonnes* d'argent posées en pal, celle du milieu surmontée d'un épervier essorant de même.

COMPONÉ. Terme de blason pour des pièces car-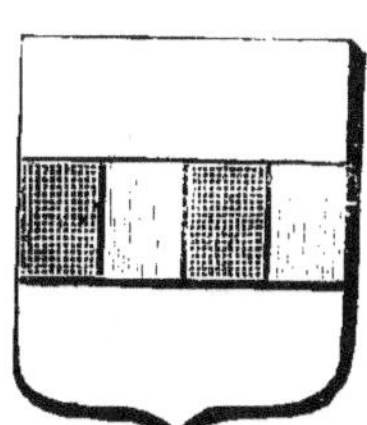rées en forme d'échiquier qui surchargent les pièces honorables. *Aymer de la Chevalerie* (Poitou) porte d'argent à la fasce *componée* de sable et de gueules de quatre pièces.

CONTOURNÉ. Terme de blason désignant la position d'un corps ou d'une tête qui regarde la gauche de l'écu.

CONTREBANDÉ, CONTREBARRÉ, CONTREBRETESSÉ, CONTR'ÉCARTELÉ, CONTREVAIRÉ, etc. Termes de blason pour blasonner toutes pièces qui sont opposées les unes aux autres.

COQ. Le coq se dit, selon ses émaux : *armé, barbé,* 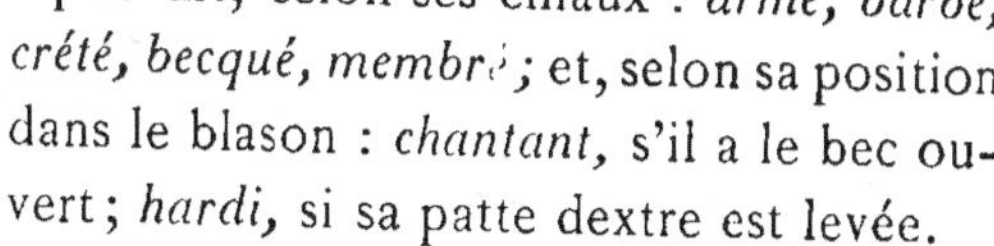*crété, becqué, membré*; et, selon sa position dans le blason : *chantant,* s'il a le bec ouvert ; *hardi,* si sa patte dextre est levée.

Le *Coq de Biéville* (Normandie) porte d'or au coq chantant de gueules.

COQUERELLES. Noisettes jointes ensemble au nombre de trois.

COQUILLE. Les coquilles de mer sont fréquentes en armoiries; elles rappellent les croisades et les pèlerinages. On les représente par leur partie convexe. Dans le cas contraire, on les nomme *vannets*.

I. *Jacobi du Vallon* porte de gueules à une épée d'argent gardée d'or, posée en sautoir sur un bourdon de même, le sautoir cantonné en chef d'une étoile et de trois *coquilles* de même. — II. *Mesnage de Cagny*

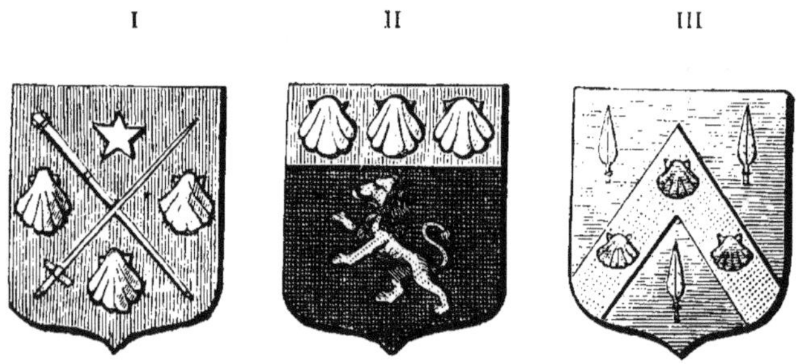

(Normandie) porte de sable au lion d'or, au chef cousu de gueules chargé de trois *coquilles* d'argent. — III. *Bigu de Chéry* porte d'azur au chevron d'or chargé de trois *coquilles* du champ, accompagné de trois fers de lance d'or.

CORDÉ. Terme de blason pour distinguer l'émail des cordes des arcs et des instruments de musique à cordes.

COR DE CHASSE. Se représente au naturel avec le pavillon à sénestre ; il est dit *enguiché* pour le bocal, *virolé* pour le pavillon et *lié* pour l'attache, si les émaux de ces parties sont différents.

Les *Rollandy* (Bourgogne) portent d'azur à trois pals retraits d'or, au *cor* de même en pointe attaché d'argent.

CORDELIÈRE. Nous avons déjà donné des explications sur cet ornement des armoiries dans la première partie de cet ouvrage. Voici deux autres exemples de

ARMES DE MONTAGU.

l'emploi fait anciennement des cordelières, dont on fait remonter le fréquent usage au temps d'Anne de Bretagne. « Le père Matthieu Compain, de la compagnie de Jésus, de Lyon, rapporte Palliot, a démontré que les cordelières étaient en usage auparavant Anne de Bretagne. Il se fonde sur deux écus qu'il a tirés des chasubles, chapes et tuniques de brocadel sur un fond de pane violette que Claude de Montagu, seigneur de Couches, et Louise de

ARMES DE LA TOUR.

la Tour, sa femme, ont données aux Carmes de Châlon. Ces écus, remplis des blasons et du mary et de la femme, sont chacun surmontés d'un ruban qui fait trois boucles. »

L'une et l'autre de ces armes ont cette devise : *J'ay le corps délié.*

CORNE. Meuble de blason souvent employé.

CORNETTE. Enseigne de cavalerie de forme carrée, à la différence du guidon, qui se termine en pointe.

CORNIÈRE. Anse d'un pot ou d'un vase qui se représente à peu près sous la forme d'un fer de cheval.

CORNEILLE. Meuble de blason. Les *Baudesson de Vieuxchamps* portent d'argent à deux *corneilles* de sable posées en pal et tenant en leur bec un épi de blé d'or.

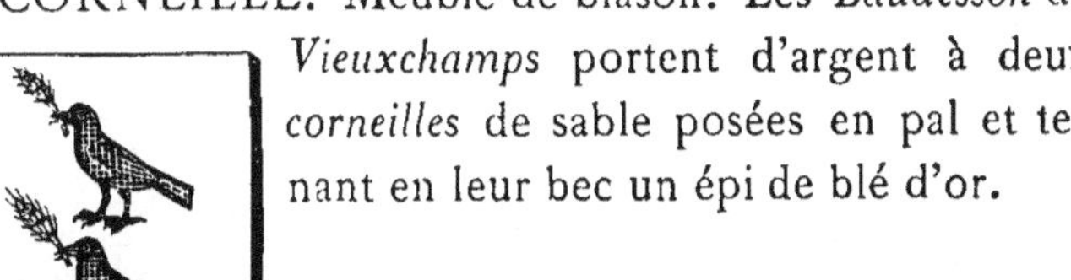

COTICE. Bande diminuée de moitié qui repose en bande ou en barre, seule ou par une, deux, trois, et le plus communément cinq. La famille *Berra de Pigne* porte de gueules à la tour crénelée d'argent, maçonnée de sable, à la *cotice* d'azur brochant sur le tout.

COTICÉ. Terme de blason employé pour les écus qui sont chargés de dix bandes, aux émaux alternés.

COTOYÉ. Terme de blason se disant des pièces qui accompagnent une bande, une cotice ou une barre.

Vallerand de la Fosse (Normandie) porte d'azur à la bande d'hermine *côtoyée* de deux lions d'or.

COUCHÉ. Terme de blason se disant de tout animal couché.

COUPÉ. Terme de blason. Se dit de la partition en sens horizontal et de toute partie coupée d'un animal.

I. Les *Milleret* (Picardie) portent *coupé* d'or à l'aigle de sable, et d'azur au château d'argent donjonné de même, posé sur une montagne à trois coupeaux aussi d'argent, mouvante de la pointe de l'écu, la montagne accostée de deux étoiles d'argent en chef. — II. *Arlan*

de la Mothe (Agenais) porte de gueules à la bande d'or, *coupé* d'or au loup passant de sinople. — III. *De Langlois de Septenville* (Normandie) porte d'azur à l'aigle naissante d'or, *coupé* d'argent à quatre pointes de gueules.

COUPEAU. Cimes ou sommets de montagnes ou de collines, qu'il faut dénombrer sous cette appellation. Les *De Reiset* (Alsace) portent d'azur au croissant d'argent surmonté d'un trèfle d'or et soutenu d'une colline de trois *coupeaux* de même.

COUPLÉ. Terme de blason spécial pour deux chiens accouplés et liés ensemble.

COURBÉ. Terme de blason pour désigner la courbure de fasces.

COURONNES. Comme meuble de blason, les couronnes ont été fréquemment adoptées par les gentils-hommes. Leurs formes sont très variées.

COURONNÉ. Terme de blason. Lions, casques et toutes autres pièces sommées d'une couronne.

Le Court de la Ville-Thassetz (Bretagne) porte d'azur à l'aigle éployée et *couronnée* d'or.

COUSU. Terme de blason pour désigner les chefs et autres pièces honorables qui sont métal sur métal ou couleur sur couleur. On a fait un grand abus de pièces cousues sans qu'il y ait à enquérir.

De Servan de Bezaure (Provence) porte de gueules au cerf courant d'argent, au chef *cousu* d'azur chargé de trois étoiles d'argent, 2 et 1, celle du milieu surmontée d'un croissant montant de même.

COUVERT. Terme de blason pour indiquer l'émail du comble d'une tour.

COULISSÉ. Terme de blason pour désigner la herse d'un château.

CRAMPONNÉ. Terme de blason se disant de toute pièce dont l'extrémité a la forme d'une demi-potence.

CRANCELIN. Se dit des couronnes, comme celle de Saxe, mises en bandes.

CRÉQUIER. Cerisier sauvage avec racine à la tige ; par sa forme il ressemble à un chandelier à sept branches.

CRÉNELÉ. Terme de blason employé pour les pièces munies de créneaux.

CRÊTÉ. Terme de blason se disant de la crête des coqs. (Voyez *Coq.*)

CROISÉ. Terme de blason dont on se sert pour toute bannière portant une croix.

CROISETTE. Petite croix. *De Mesmildot* (Normandie) porte d'azur, au chevron d'or, bordé de gueules, accompagné de trois *croisettes* de même.

CROISSANT. Meuble héraldique qui a été le plus fréquemment employé comme souvenir des croisades. Le croissant est dit *versé*, si ses cornes sont abaissées vers le bas de l'écu, *tourné*, si elles regardent la droite de l'écu, et *contourné*, si elles sont dirigées vers la gauche ; sa position normale est d'être montant.

Familles qui portent des croissants : I. *Doisy de Villargennes*, d'argent, au *croissant* de gueules. — II. De la *Foulhouse,* d'argent, à l'étoile d'or en chef et un *croissant* de même en pointe. — III. *Perrée de la Vil-*

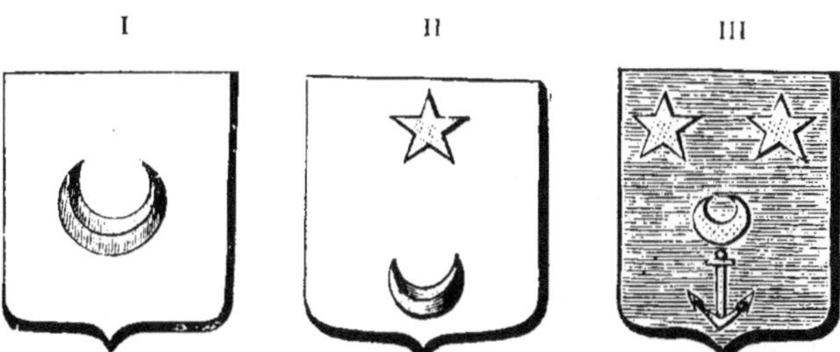

lestreux (Bretagne), d'azur, au *croissant* d'or, accompagné en chef de deux étoiles, et en pointe d'une ancre, le tout d'or. — IV. *Mahé de la Villeglé* (Bretagne), d'argent, à deux haches d'armes de gueules adossées, surmontées d'un *croissant* de même.— V. *Guérin de la Pivardière* (Normandie), d'azur, au *croissant* d'argent, accosté à dextre d'une épée haute et à senestre d'une palme, le tout d'argent. — VI. *De Ricaudi* (Languedoc), d'azur

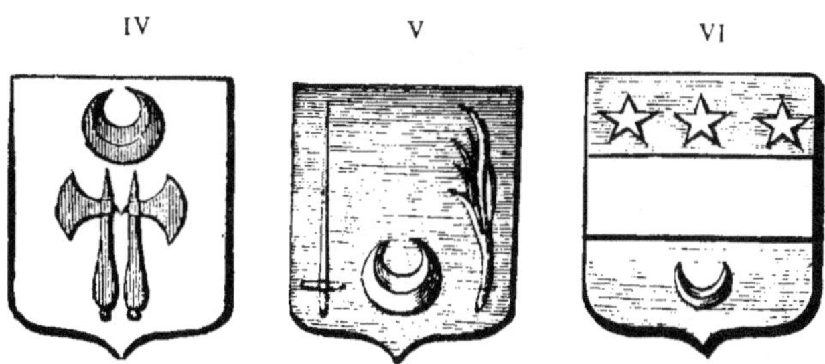

à la fasce d'argent, accompagné en chef de de trois étoiles, et en pointe d'un *croissant* de même. — VII. De

Pernety, d'azur à trois tours girouettées d'argent, deux et une, surmontées d'un *croissant* de même. — VIII. *De Servins d'Héricourt* (Artois), d'azur au *croissant* d'or

<table>
<tr><td>VII</td><td>VIII</td><td>IX</td></tr>
</table>

en abîme, accompagné de cinq étoiles d'argent posées 3 et 2. — IX. *De Villecardet de Fleury* (Picardie), d'azur à la fasce d'or, accompagnée en chef d'une moucheture d'hermine accostée de trois *croissants* d'argent mal ordonnés, et en pointe d'un château d'argent ajouré et maçonné de sable.

CROIX. Pièce honorable entre toutes, et dont l'usage est universel au point de vue héraldique. Les croix de toutes formes et de toutes couleurs furent adoptées par les chevaliers croisés : delà leur multiplicité étonnante. Elles peuvent être :

Abaissées.	Anillées.
Accompagnées.	Bordées.
Aiguisées.	Bourdonnées.
Alaisées.	Bretessées.
Ancrées.	Cablées,
Anglées.	De Calvaire.

Cannelées.

Chargées.

Cléchées.

Componnées.

Coupées.

Cramponées.

Denchées.

Écartelées.

Échiquetées.

Écotées.

Émanchées.

Engoulées.

Engrêlées.

Équipollées.

Fichées,

Fleurdelisées.

Fleuronnées.

Fourchées.

Frettées.

Fuselées.

Gringolées.

Guivrées.

De Jérusalem.

Losangées.

Maçonnées.

De Malte.

Nébulées.

Nillées.

Ombrées.

Ondées.

Papelonnées.

Parties.

Pattées.

Potencées.

Recercelées.

Recroisetées.

Remplies.

Repotencées.

Resarcelées.

Retraitées.

De Toulouse.

Trefflées.

Treillissées.

Vairées.

Vidées.

Vivrées.

Les familles suivantes portent les blasons avec croix :

I. *De Martonne* (Normandie), d'azur à la *croix* d'or cantonnée de quatre étoiles de même. — II. *D'Auvergne* (Provence), d'azur à la *croix* d'argent cantonnée de quatre loups ravissants d'or. — III. *Tardif de Moidrey* (Normandie), d'azur à la *croix* d'or cantonnée en chef de deux roses, et en pointe de deux coquilles d'argent. — IV. *De Mervo* (Lyonnais), d'or à quatre can-

tons posés dans les angles de l'écu : au 1 de gueules au dextrochère armé d'argent, la main de carnation tenant

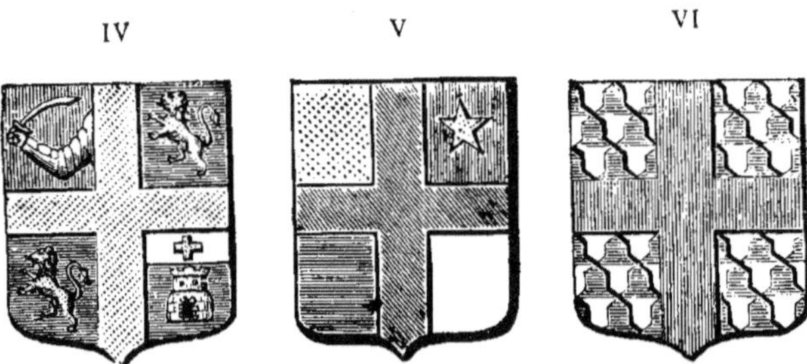

un sabre de mème ; aux 2 et 3 d'azur au lion d'or ; au 4 d'azur à la tour d'argent ruinée à sénestre, et au chef d'argent chargé d'une *croix* de sinople (ce blason, comme exemple, est représenté ici parce que le vide laissé par les cantons représente une *croix* qui n'en est pas une au point de vue héraldique). — V. *De Simonis* (Lorraine), écartelé au 1 d'or plein, au 2 de gueules à l'étoile d'or, au 3 d'azur plein, au 4 d'argent plein, à la *croix* de sinople brochante sur le tout. — VI. *De Crisegnies,* de vair à la *croix* de gueules. — VII. *Audras de Béost,* d'azur à la *croix* ancrée d'or, cantonnée de quatre grenades de même. — VIII. *De Saint-Martin* (Poitou),

VII   VIII   IX

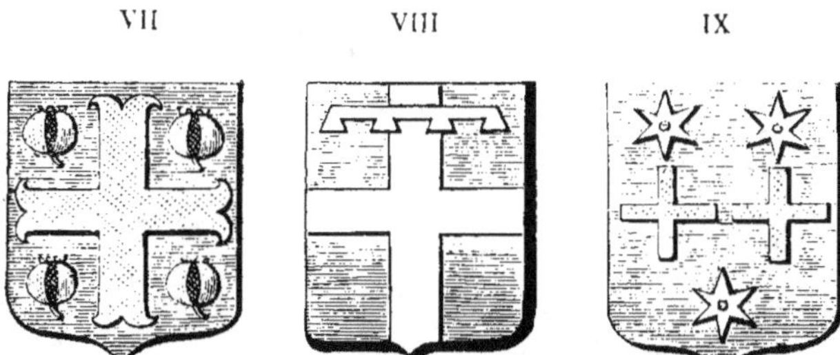

d'azur à la *croix* d'argent chargée d'un lambel de même à quatre pendants. — IX. *Langlois d'Estaintot* (Normandie), d'azur à deux *croix* d'or rangées en fasce, accompagnées de trois molettes d'éperon d'argent posées deux en chef et une en pointe. — X. *Michel de Monthuchon* (Normandie), d'azur à la *croix* d'or cantonnée de quatre coquilles de même. — XI. *D'Angély* (Poitou),

X   XI   XII

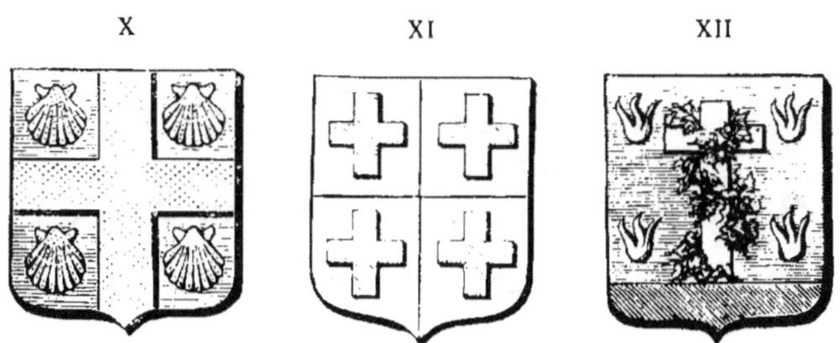

d'argent, parti et coupé, cantonné de quatre *croix* alésées de sinople. — XII. *De Bignon,* d'azur à la *croix*

de calvaire d'argent posée sur une terrasse de sinople
d'où sort un cep de vigne qui accole et entoure ladite
croix, laquelle est entourée de quatre flammes d'argent.
— XIII. Les marquis de *Rougé* (Bretagne), de gueules
à la *croix* pattée d'argent. — XIV. *Guillaume de Ser-*
mizelles (Bourgogne), d'azur à la *croix* alésée ,
pattée d'or, embrassée de deux palmes de même, liées
en pointe. — XV. *Barault-Roullon* (Beauce), écartelé

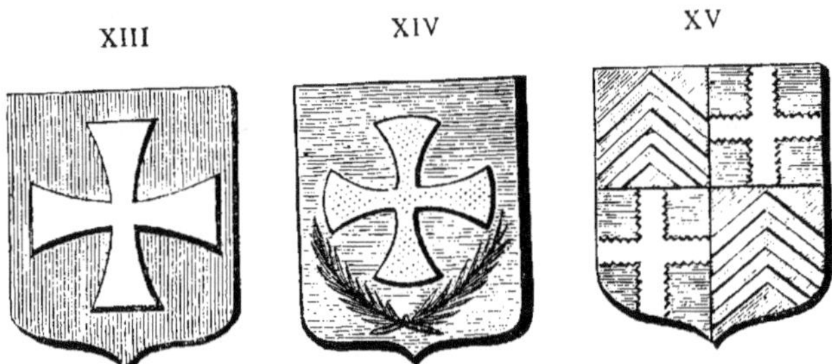

XIII   XIV   XV

aux 1 et 4 de pourpre à trois chevrons d'or, qui est *de*
Montdoré ; aux 2 et 3 d'azur à la *croix* engrêlée d'ar-

XVI   XVII   XVIII

gent, qui est *de Creton.* — XVI. *De Malartic* (Gascogne), écartelé aux 1 et 4 d'or au chef d'azur chargé de

trois étoiles d'argent ; aux 2 et 3 d'argent, à la *croix*
pattée et pommetée de gueules, accompagnée aux 2 et 3
cantons de deux molettes d'éperon de même. — XVII.
Adhemar de Cransac, mi-parti de France ancien (semé
de fleur de lis) et de Toulouse (*croix de Toulouse*), et sur
le tout d'or à trois bandes d'azur. — XVIII. *Ribaut*
(Normandie), de gueules à la fasce cousue d'azur, chargée de trois besants d'or, accompagnée de trois *croix*
ancrées d'argent. — XIX. *Raymond de Montjaux*, d'a-
zur à la *croix* de Saint-André (sautoir) cantonnée à
dextre et à sénestre d'une flamme de gueules, et en pointe
d'un monde soutenant une haute croix brochante d'argent. — XX. *De Lauville* (Champagne), parti au 1 d'a-

XIX   XX   XXI

zur à la fasce d'argent accompagnée en chef de deux
croix ancrées, et en pointe d'une hure de sanglier de
même ; au 2 écartelé aux 1 et 4 d'argent à la *croix*
tréflée de sinople, aux 2 et 3 d'or au lion de gueules,
sur le tout de gueules à deux pals d'or, à la fasce brochante d'azur chargée de trois losanges d'argent. —
XXI. *D'Argis de Guillerville*, de gueules à la *croix* d'or

cantonnée de quatre roses d'argent, chargée en cœur d'un écu d'or à huit merlettes de sable posées en orle.

CROSSE. Bâton pastoral, marque de prélature, se pose généralement en pal.

CRY D'ARMES. Il y aurait tout un volume à publier sur les crys d'armes de la noblesse. M. Bessas de la Mégie en a reproduit un très grand nombre, et des plus intéressants, dans son *Légendaire de la Noblesse*. Nous n'en parlerons ici qu'au point de vue du blason. Le *cry* des rois de France était *Montjoye Saint-Denis*, celui des Montmorency *Dieu aide au premier chrétien*, celui des comtes de Champagne *Passavant le Meillor*. On inscrivait ces crys autour des blasons, principalement autour du cimier. Il ne faut pas confondre le *Cry d'armes* avec la *Devise*. (Voyez ce mot.)

CYCLAMOR. Grand annelet plat. On n'en met qu'un dans un écu ; s'il y en a plusieurs, ils prennent le nom d'annelets.

CYGNE. Se représente au naturel.

I. *Le Blanc de Mauvesin* (Guyenne) porte écartelé

I   II

aux 1 et 4 d'azur au *cygne* d'argent patté et becqué
d'or ; aux 2 et 3 d'or au chevron de gueules accompagné de trois quinte-feuilles de même. — II. *Bérault des
Billiers* (Berry), d'azur au *cygne* d'argent becqué et
membré de sable, posé sur une terrasse de sinople om-
brée d'or, et accompagné en chef d'une étoile d'argent.

DAIM. Se représente en blason de profil et passant,
avec les cornes plates et tournées en avant.

DANCHÉ ou ENDANCHÉ. Terme de blason. Se

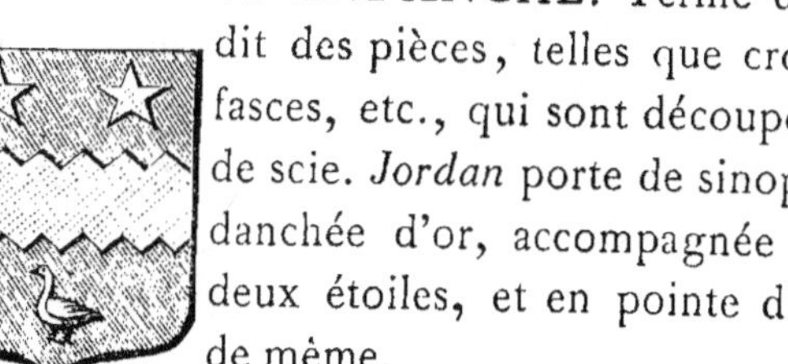

dit des pièces, telles que croix, bandes,
fasces, etc., qui sont découpées en forme
de scie. *Jordan* porte de sinople à la fasce
danchée d'or, accompagnée en chef de
deux étoiles, et en pointe d'une canette
de même.

DAUPHIN. Ce poisson, très commun en blason, peut
être *allumé* de son œil, *lorré* de ses nageoires, *peautré* de sa queue et *pâmé* de
sa gueule ouverte (on le dit *vif* si elle
est fermée). Les armes du *Dauphiné,* d'or
au dauphin vif d'azur, sont des armes
parlantes. Les fils aînés des rois de France
portèrent le nom de *Dauphin,* avec les armes du Dauphiné, depuis la réunion de cette province à la couronne.
Les *Guenet* portent d'azur au chevron d'or accompagné de trois dauphins de même.

DEBOUT. Terme de blason. Se dit des animaux qui
sont représentés debout.

DÉCOUPÉ. Feuilles d'acanthe et autres pièces découpées à la main.

DÉFENSE. Dents d'éléphant ou de sanglier.

DÉMEMBRÉ. Terme de blason. Se dit des animaux et des oiseaux dont les membres sont séparés du tronc.

DEMI-VOL. Se dit d'une seule aile d'oiseau quelconque dont l'extrémité des plumes doit se diriger vers le flanc sénestre de l'écu. Les familles suivantes portent : I. *Montalet-Alais* (Languedoc), parti de gueules au *demi-vol* d'argent, qui est *de Montalet-Alais*, et d'azur au sautoir d'or cantonné de quatre têtes de léopard d'or,

I   II

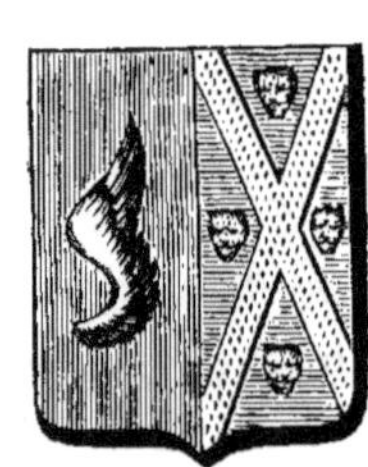 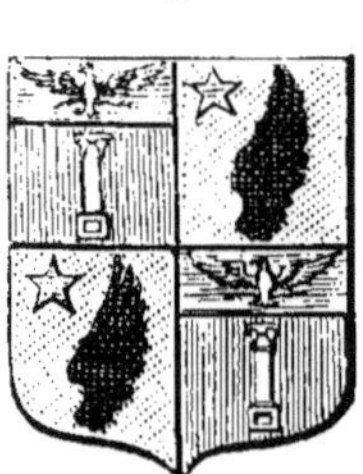

qui est *de Suffren*. — II. *Revel du Perron* (Dauphiné), écartelé aux 1 et 4 de gueules à la colonne d'argent, au chef d'azur chargé d'une aigle d'argent membrée, becquée et couronnée de sable, qui est *du Perron ;* aux 2 et 3 d'or au demi-vol de sable et à l'étoile d'azur en chef à dextre, qui est *de Revel*.

DENTELÉ. Terme de blason. On confond souvent le dentelé avec le danché. La différence est tout entière en ce que les dents du dentelé sont plus menues que celles du danché. *Auvé d'Aubigny* (Anjou) porte d'argent à la fasce *dentelée* du côté de la pointe de gueules, accompagnée de trois étoiles d'or, deux en chef et une en pointe, celle de la pointe soutenue d'un croissant de même.

DENTICULÉ. Bordure de dents qui se placent autour de l'écu, à la façon, dit Palliot, des denticules qui se mettent aux chapiteaux des colonnes et autres ornements d'architecture. Les *Canillac* portent d'azur au lévrier rampant d'argent, à la bordure denticulée.

DÉSARMÉ. Terme de blason se disant de l'aigle qui n'a pas d'ongles. Les *de Ganay* (Bourgogne) portent d'or à l'aigle désarmée de sable.

DEUX ET UN. Terme de blason pour indiquer la position des pièces dans l'écu. La maison de Bourbon porte d'azur à trois fleurs de lis d'or posées 2 et 1. Les pièces qui n'ont pas cette position se disent mal ordon-

I

II

nées. I. *Bellavène* porte coupé : le premier parti, à dextre d'argent à trois étoiles d'azur posées 2 et 1, à sénestre des barons de l'Empire tirés de l'armée ; le deuxième, d'azur au chevron d'or accompagné en pointe d'une cuirasse d'argent frangée de gueules. — II. *De Migieu* (Bugey), de sable à trois étoiles d'argent posées 2 et 1.

DEVISE. Chez tous les peuples et dans tous les temps l'usage de porter des devises a été adopté. Elles doivent exprimer, sous une forme allégorique, quelque pensée ou quelque sentence. *Jean de Luxembourg,* bâtard de Saint-Pol, portait un soleil sur son enseigne, et au-dessous cette devise audacieuse : *J'y entrerai si le soleil y entre.* La maison *de Vienne* tirait sa devise de son nom : *Tout bien avienne.* Les devises se placent ordinairement, comme ornement extérieur de blason, dans une banderole au-dessous de l'écusson.

DEXTROCHÈRE. Bras droit qui se meut du flanc sénestre de l'écu et qui se représente nu, armé ou paré, et tenant un badelaire, une épée ou toute autre pièce.

Les maisons qui suivent portent : I. *De Villardi de Montlaur* (Languedoc), d'azur au *dextrochère* armé d'argent tenant une palme d'or. — II. *De Tinseau* (Franche-Comté), de gueules au dextrochère d'or tenant à la main un rameau à trois branches de même. — III. *De Samatan* (Languedoc), d'azur au dextrochère de carnation habillé de pourpre et tenant trois épis de blé d'or, au chef de gueules chargé de trois croix de Comminges d'argent.

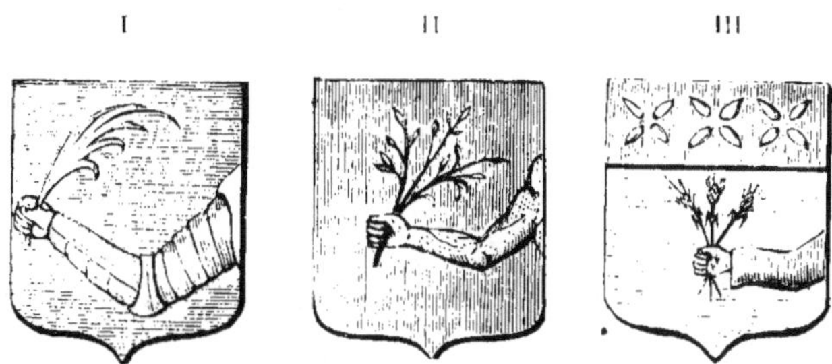

DIAPRE. Sorte de broderie qui entre parfois dans la composition du fond de l'écu. Plus fréquent dans les armoiries allemandes que sur les blasons français.

DIFFAMÉ. Terme de blason se disant des aigles et des lions qui n'ont pas de queue.

DIVISE ou DEVISE. Meuble de blason, c'est-à-dire  une fasce qui n'a en hauteur qu'une demi-partie des sept de la hauteur de l'écu. On la pose généralement sous un chef qu'elle paraît soutenir. *Porlier de Rubelles* (Rouergue) porte d'azur à l'aigle éployée d'or, surmontée d'une *divise* d'argent chargée de trois mouchetures d'hermine et soutenant trois hures de sanglier d'or en chef.

DONJONNÉ. Terme de blason pour désigner le donjon, qui est la partie la plus élevée d'un château ou d'une tour.

DRAGON. Animal fantastique très commun en blason.

DRAGONNÉ. Qui a la queue du dragon.

ÉCARTELÉ. Terme de blason pour désigner l'écu qui est divisé par de simples traits horizontaux et verticaux en quatre parties égales, qui reçoivent les meubles héraldiques. Les armes principales d'une famille doivent être insérées aux 1er et 4e écarts ; celles de l'alliance (ordinairement celle de la mère) doivent être aux 2e et 3e quartiers. Parfois chaque quartier porte le blason d'une alliance : au 1 maison principale, au 2 celui de la mère, au 3 celui de l'aïeule, au 4 celui de la bisaïeule. Le blason est dit *contre-écartelé* lorsqu'à un écu écartelé on ajoute un ou plusieurs écus posés en quartiers. Les maisons qui suivent écartèlent : I. *De Ribeyrols d'Entremaux,* aux 1 et 4 de gueules au cerf passant d'argent ; aux 2 et 3 de sable à quatre pals d'or. — II. *De Bancalis d'Ara-*

gon, aux 1 et 4 d'azur à l'aigle d'or, qui est *de Bancalis ;* aux 2 et 3 d'azur au chevron d'or accompagné de trois étoiles d'argent, qui est *d'Aragon*. — III. *De Condé*, aux 1 et 4 d'or, à la fasce de gueules ; aux 2 et 3 d'azur au chevron d'or accompagné de trois heaumes d'argent. — IV. *De Boisgelin,* aux 1 et 4 de gueules, à la molette d'éperon d'argent à cinq raies ; aux 2 et 3 d'azur plein. — V. *Sainte-Marie d'Agneaux,* d'or et d'azur. — VI. *De*

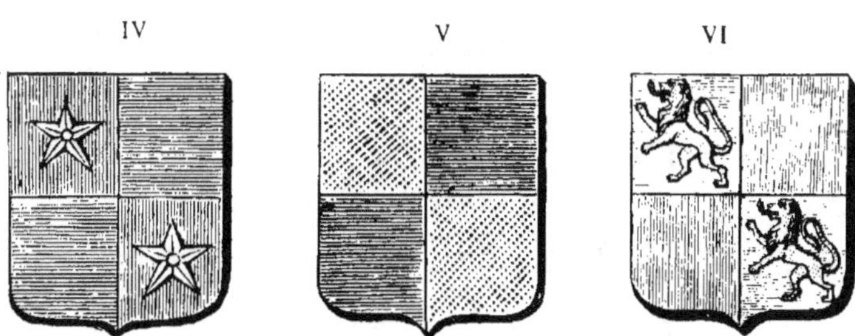

Miossens, aux 1 et 4 d'azur au lion d'or armé et lampassé de gueules ; aux 2 et 3 de gueules plein.

ÉCHIQUETÉ. Meuble de blason représentant les carrés d'un échiquier. I. *De Montigny* (Champagne)

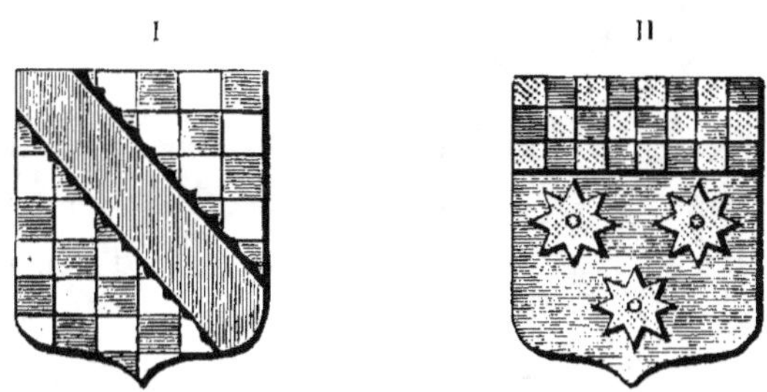

porte échiqueté d'azur et d'argent, à la bande de gueules engrêlée de sable. — II. *Hébrard* (Quercy), d'azur à trois molettes d'éperon d'or à huit raies, posées 2 et 1; au chef échiqueté de trois traits d'or et d'azur.

ÉCLATÉ. Terme de blason pour désigner une lance rompue.

ÉCORCHÉ. Terme de blason. Se dit des animaux dont tout ou partie de la peau est écorchée à vif.

ÉCOTÉ. Terme de blason. Se dit des troncs d'arbre dont les branches ont été coupées.

ÉCU, ÉCUSSON. Meubles héraldiques. I. *Pénigault* (Berry) porte de sable à l'*écusson* d'or chargé d'un pin arraché de sinople posé en bande. — II. *Caissotti de*

Roubion (Nice), d'or à l'aigle de sable couronnée de même, chargée en cœur d'un écusson coupé d'argent et de gueules à un dextrochère armé d'une massue d'or.

EFFARÉ. (Voir *Effrayé*.)

EFFAROUCHÉ. Terme de blason. Se dit du chat lorsqu'il est en action rampante.

EFFRAYÉ. Terme de blason pour désigner le cheval lorsqu'il est cabré.

ELANCÉ. Terme de blason pour désigner un cerf courant.

ÉMANCHÉ. Terme de blason employé pour désigner une sorte de partition de l'écu, selon l'exemple suivant : *Bruyset de Sure* porte *émanché* d'or et d'azur de trois pièces, à trois besants d'or en pointe, au chef d'argent chargé de trois bouterolles de gueules.

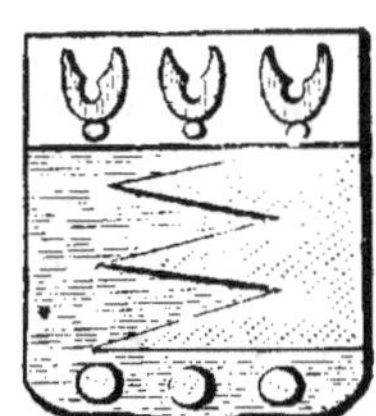

ÉMAUX. (Voir, dans le corps de l'ouvrage, le chapitre spécial sur les émaux.)

EMBOUTE. Terme de blason pour distinguer l'émail des extrémités des manches de marteaux.

EMMANCHÉ. Terme de blason pour l'émail des manches de haches, marteaux, etc.

EMMUSELÉ. Terme de blason pour l'émail des muselières que l'on met à certains animaux.

EMPENNÉ. Terme de blason. Se dit des pièces, dard, javelot, etc., qui ont leurs plumes d'un autre émail que l'objet principal.

EMPIÉTANT. Terme de blason pour désigner un

oiseau de proie dont les serres tiennent un objet quelconque.

ENCHAUSSÉ. Terme de blason représentant l'opposé du *chapé*.

ENGOULÉ. Pièces honorables dont les extrémités  ont l'air d'être avalées par des gueules d'animaux. *De Jacob de la Cottière* porte écartelé aux 1 et 4 d'azur au chevron ondé d'argent, accompagné de trois têtes de léopard d'or languées de gueules ; aux 2 et 3 de gueules, au sautoir d'or *engoulé* de quatre têtes de léopard mouvantes des angles, chargé en cœur d'une autre tête de léopard du champ.

ENGRÊLÉ. Terme de blason employé pour les petites dents, fort menues et qui s'arrondissent au centre, dont certaines pièces honorables peuvent être pourvues. I. *Huyttens de Terbecq* porte à un écu en abîme d'argent à la fasce de gueules, accompagné de trois renards pas-

I   II   III

sant d'or, à la bordure engrêlée de même. — II. *Fournier de Saint-Maur* (Bretagne), d'argent au lion de gueules armé, lampassé et couronné d'or; à la bordure *engrêlée* de sable, chargée de huit besants d'or. — III. *Jacquin de Cassières,* écartelé aux 1 et 4 d'argent, au chevron de gueules accompagné en chef de deux trèfles de sinople, et en pointe d'une tête de loup coupée de sable, percée d'un dard de même; aux 2 et 3 d'or, au sautoir *engrêlé* de sable, accompagné de quatre aiglettes de même.

ENGUICHÉ. Terme de blason pour désigner l'émail de l'embouchure des cors, huchets et trompettes.

ENTÉ. Terme de blason pour désigner deux parties de l'écu entrant l'une dans l'autre par entures rondes. On dit *enté en pointe* lorsque deux traits arrondis, partant des pointes inférieures de l'écu, viennent se réunir en pointe vers le *nombril* de l'écu.

ENTRELACÉ. Terme de blason. Se dit des croissants et des anneaux entrelacés.

ÉPANOUI. Terme de blason. Se dit des fleurs de lis dont la partie centrale est en boutons fleuris, comme les lis de Florence.

ÉPÉE. Meuble héraldique fort commun, « marque d'honneur des gentilshommes, dit Palliot, et un de leurs plus beaux ornements ».

ÉQUIPÉ. Terme de blason. Se dit de la voilure des navires.

ÉQUIPOLLÉ. Sorte d'échiquier qui ne doit avoir que neuf carrés, dont cinq d'un émail et quatre d'un autre.

Maisons qui portent l'épée dans leurs armes : I. *De Gaujal* (Languedoc), de gueules à l'*épée* d'or, au chef de même, chargé de trois étoiles d'azur. — II. *De Pasquier de Dommartin,* de gueules à l'épée antique d'argent posée

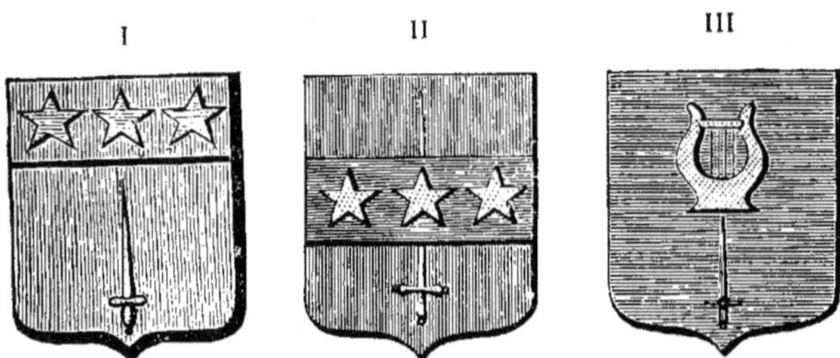

en pal, la pointe en haut, à la garde d'or ; sur le tout une fasce cousue d'azur chargée de trois étoiles d'or. — III. *Fidedy de La Vergne,* d'azur à la lyre d'or soutenue d'une épée d'or montée d'argent.—IV. *Cavrois,* coupé : au 1 parti d'or et de gueules, l'or à trois étoiles d'azur, le gueules à l'épée haute d'argent en pal ; au 2 d'azur au

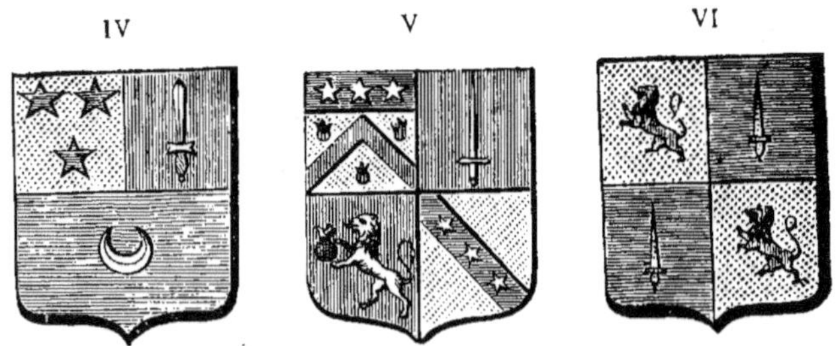

croissant d'argent.—V.*De Carméjane-Pierredon,* écartelé, au 1 d'or au chevron de gueules accompagné de trois flammes de même, au chef d'azur chargé de trois étoiles d'argent (qui est *de Carméjane* ancien) ; au 2 de gueules à l'épée haute d'argent posée en pal (qui est des barons de l'Empire tirés de l'armée) ; au 3 de gueules au lion d'argent tenant une grenade d'artifice de sable allumée d'argent ; au 4 d'or à la bande d'azur chargée de trois étoiles d'argent (qui est d'*Antoine de Pierredon*). — VI. *Saint-Exupéry* (Guyenne), écartelé, aux 1 et 4 d'or au lion de gueules, aux 2 et 3 d'azur à l'épée d'or en pal.

ÉPIS. Meubles de blason qui se posent généralement en pal. I. *Huet de la Tour du Breuil* (Perche) porte d'azur à trois *épis* de blé d'or. — II. *Garnier* (Franche-Comté),

I   II   III

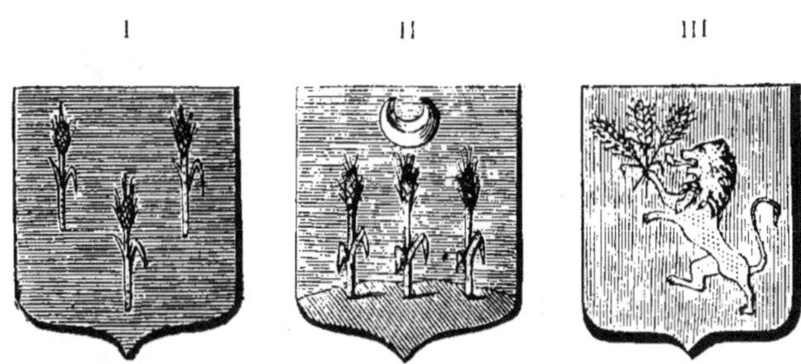

d'azur à trois épis d'or issants d'une terrasse de sinople et sommés d'un croissant d'argent. — III. *Aoust de Rouvèze* (Nivernais), de gueules au lion d'or tenant dans sa dextre trois épis de même.

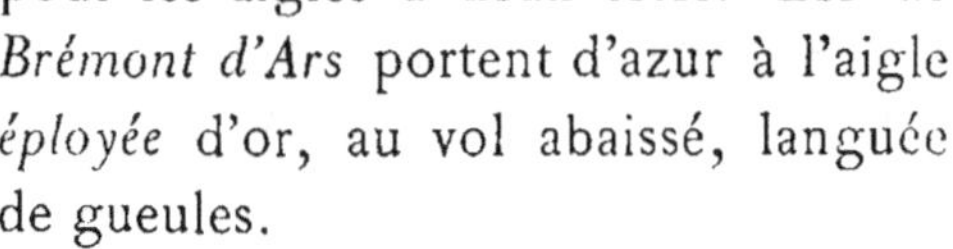

ÉPLOYE. Terme de blason qui ne s'emploie que pour les aigles à deux têtes. Les *de Brémont d'Ars* portent d'azur à l'aigle *éployée* d'or, au vol abaissé, languée de gueules.

ESSORANT. Terme de blason pour désigner les oiseaux qui ne volent qu'à demi en regardant le soleil. La famille *Guérin* porte de gueules à la colombe *s'essorant* d'argent.

ESSORÉ. Terme de blason. Se dit de l'émail du toit des maisons.

ÉTÊTÉ. Animal quelconque dont la tête est enlevée.

ÉTINCELANT. Charbon dont jaillissent des étincelles.

ÉTINCELÉ. Écu semé d'étincelles.

ÉTOILE. « C'est, dit Palliot, le meuble le plus usité et qui se voit le plus fréquemment en armoiries ». L'étoile se distingue de la molette d'éperon en ce qu'elle n'est pas percée comme cette dernière. Généralement l'étoile a cinq rais ou rayons ; mais il en existe de 6, de 8 et même de 16 rais. Les maisons suivantes portent : I. *Textor de Ravisi* (Forez), d'argent à l'épée d'or, la pointe en haut, accompagnée de trois étoiles de sable. — II. *Bunot de Choisy* (Ile-de-France), d'argent au lion de gueules accompagné de trois étoiles de même.

— III. *Lenez de Cotty* (Normandie), d'azur au lion d'argent armé et lampassé de gueules, au chef cousu de gueules chargé de trois étoiles d'or. — IV. *De Fougières* (Bourbonnais), d'azur à la fasce d'argent accompagnée de quatre étoiles de même, dont une en chef et trois en pointe. — V. *Rudel du Miral,* de sable au lion d'or armé et lampassé de gueules, au chef d'argent

à l'étoile de gueules. — VI. *De Pélissier* (Languedoc), d'azur à seize étoiles d'argent rangées par quatre, au lion de même brochant sur le tout. — VII. *De la Sa-blière* (Languedoc), d'azur à la tour d'argent ouverte et maçonnée de sable, accompagnée de trois étoiles de même. — VIII. *De Carpentier*, d'azur au chevron d'or accompagné en chef de deux étoiles de même, et en

pointe d'un croissant d'argent. — IX. *De Chambrun* (Gévaudan), de sable au chevron d'or accompagné en chef de deux étoiles et d'un croissant d'argent, et en pointe de deux besants d'or. — X. *Lambron des Peltières* (Auvergne), d'azur au chevron d'or accompagné de trois

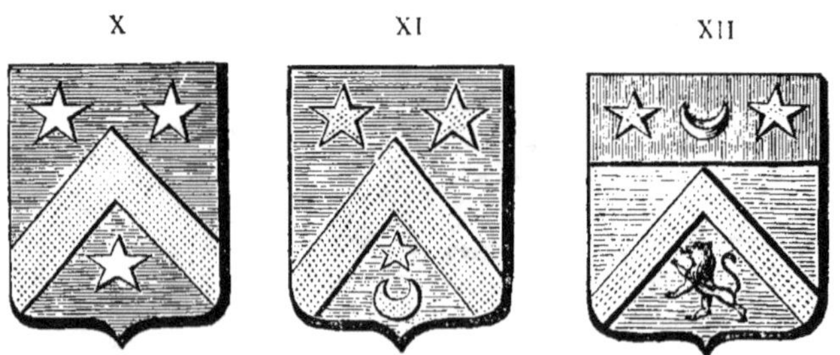

étoiles d'argent. — XI. *De Morel* (Limousin), d'azur au chevron d'or accompagné de trois étoiles de même, deux en chef et une·pointe, cette dernière soutenue d'un croissant d'or. — XII. *De Mazade* (Toulouse), d'azur au chevron d'or accompagné en pointe d'un lion de même armé et lampassé de gueules, au chef cousu de gueules chargé d'un croissant d'argent accosté de deux étoiles d'or.

ÉTRIER. Fer servant à monter à cheval. On représente parfois la selle avec les deux étriers.

ÉVIRÉ. Terme de blason. « Le lion sans *vilenie,* ou éviré, dit Palliot, est celui qui ne monstre point de verge ; et à la vérité c'est une vilenie que de faire parade de ses parties honteuses. »

FAISCEAU. Meuble d'armoiries peu commun. (Voir les armes de *Nadault de Buffon.*)

FANON. Manche pendante que l'on portait autrefois comme ornement au poignet droit.

FASCE. L'une des pièces honorables, qui occupe horizontalement deux parties de la hauteur sur les sept de la largeur de l'écu. Les fasces reçoivent toutes les formes que nous avons signalées pour les bandes, les chefs et les croix. On peut compter jusqu'à trois fasces ; au-dessus, en nombre pair, elles prennent le nom de *Burèles,* et en nombre impair celui de *Trangles.* La fasce, au moyen·âge, était la représentation de la ceinture que les chevaliers portaient à la guerre. Les maisons suivantes portent fasces. I. *Abasquesné de Parfouru* (Normandie), d'azur à la fasce d'or accompagnée de trois étoiles de

même. — II. *De Pillon de Saint-Paul* (Normandie), d'or
à la fasce d'azur accompagnée de trois molettes d'éperon de gueules. — III. *De Mouillebert* (Poitou), d'argent

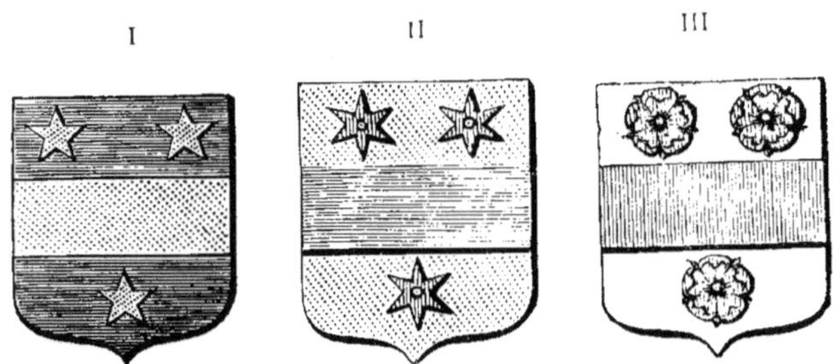

à la fasce de gueules accompagnée de trois roses de
même. — IV. *Huon du Plessis,* d'argent à trois chevrons
de gueules, à la fasce d'azur brochante sur le tout. — V.
De Chamberet (Limousin), coupé d'azur et de gueules,
l'azur chargé d'un lion d'or et le gueules de deux étoiles
d'or, à la fasce d'argent brochante sur le tout. — VI. *De*

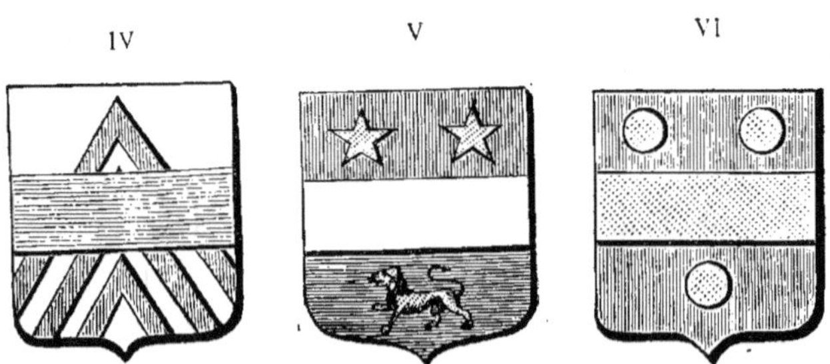

la Roussille de Carmantrand (Auvergne), de gueules à la
fasce d'or accompagnée de trois besants de même. —
VII. *Des Mazis* (Flandre), de gueules à la fasce d'or

chargée de trois molettes de sable. — VIII. *De Bèze de Lys* (Nivernais), de gueules à la fasce d'or chargée de trois roses d'azur et accompagnée en pointe d'une clef d'argent en pal. — IX. *De Chergé* (Anjou), d'azur à la fasce d'argent chargée de trois étoiles de gueules. — X. *De Lamandé* (Bretagne), d'azur à la fasce d'argent accompagnée en chef d'un compas ouvert d'or, et en pointe d'une ancre de même. — XI. *De Selve* (Limou-

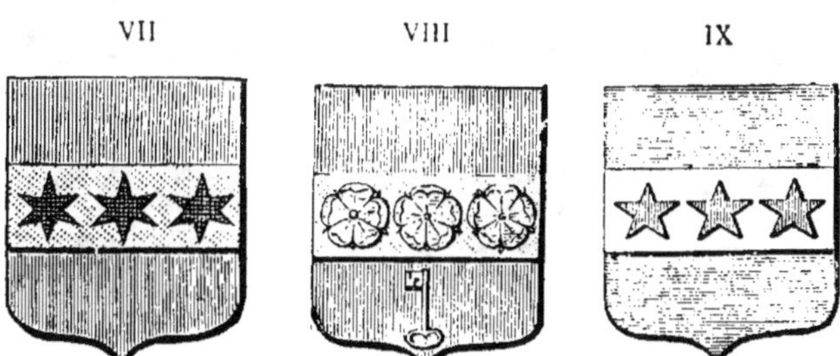

sin), d'azur à deux fasces ondées d'argent. — XII. *Ca-vrois* ancien, d'or à la fasce cannelée de sable. — XIII.

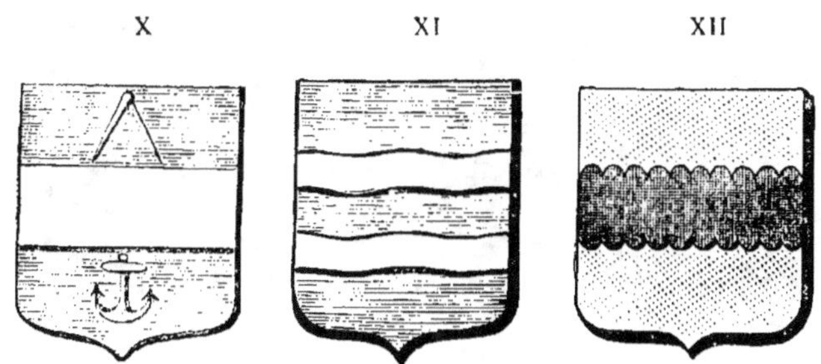

Barbier de Lescoët (Bretagne), d'argent à deux fasces de sable. — XIV. *De Rambures,* d'or à trois faces de gueules. — XV. *Corbeau de Vaulserre* et de *Saint-Albin* (Savoie), d'or à trois fasces de sable. — XVI. *Compaing* (Poitou), d'azur à trois fasces d'or, la première surmontée de deux étoiles de même, la deuxième d'un cœur de gueules percé d'une flèche de sable, et la troisième d'une étoile d'or au centre. — XVII. *De Labbe de Champ-*

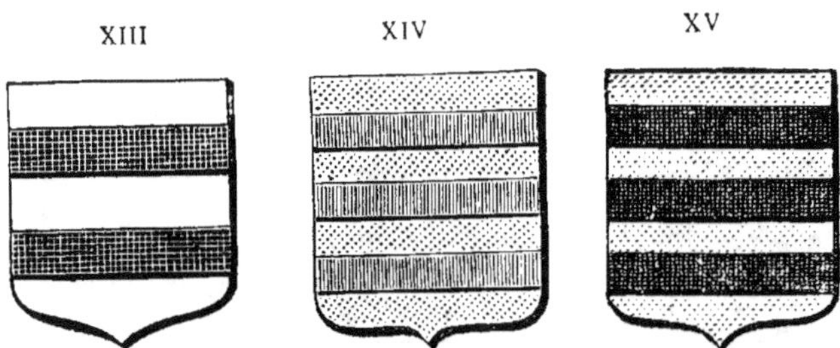

grand (Berry), d'argent à trois fasces de gueules, au lion d'or armé et lampassé de gueules, couronné d'or, brochant sur le tout. — XVIII. *Le Touzé de Longuemar*

(Normandie), de gueules à la fasce d'or accompagnée de trois roses d'argent, au chef cousu d'azur chargé de trois fleurs de lis d'or.

FASCÉ. Terme de blason. Se dit de l'écu couvert de fasces. Les *de Croy* (Dauphiné) portent fascé d'argent et de gueules de huit piéces.

FEMME. Il est assez rare de rencontrer des femmes dans les blasons français, mais il en est autrement pour les blasons allemands ; on les représente généralement de carnation.

FER. Les fers de lance, de flèche, de javelot, de pique, de moulin et de cheval, entrent communément dans la composition des armoiries. I. *De Colligny-Chatillon* porte : écartelé, aux 1 et 4 de gueules à l'aigle d'argent becquée, membrée et couronnée d'azur ; aux 2 et 3 d'azur à trois *fers* de lance d'or, la pointe en bas. — II. *Ja-*

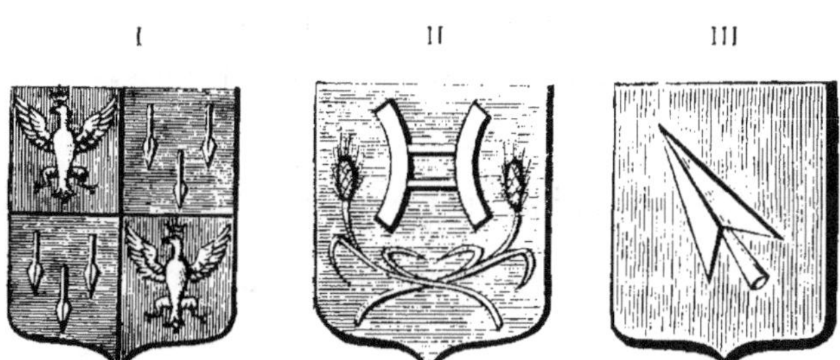

cobé *de Naurois* (Champagne), d'azur au fer de moulin d'argent accosté de deux épis de blé d'or, les tiges passées en sautoir vers la pointe de l'écu. — III. *De Laincel-*

Vento (Provence), de gueules au fer de lance d'argent posé en bande, la pointe en haut.

FERMAIL. Boucles garnies de leurs ardillons. *De Guy de Ferrières* porte d'argent à trois fermaux de gueules, au chef d'or.

FEUILLE, FEUILLÉ. Toutes espèces de feuilles peuvent orner les blasons. Lorsque les arbres ont des feuilles d'un autre émail que le tronc, on doit le dire en blasonnant. *De Jerphanion* (Velay) porte d'azur au chevron d'or accompagné en pointe d'un lis tigé et *feuillé* de sinople, au chef danché d'or chargé d'un lion léopardé de gueules.

FICHÉ. Terme de blason. Se dit des croisettes, les pals qui ont les pieds aiguisés, comme dans les armes de *Belleval.*

FIER. Terme de blason. Se dit du lion hérissé.

FIERTÉ. Terme de blason pour désigner les dents des baleines.

FIGURÉ. Terme de blason pour désigner le visage humain qui paraît reflété sur le soleil, les besants, les tourteaux, etc.

FILET. Meuble de blason. C'est une sorte de trait

qui peut se placer de toute façon, en orle, en croix, en fasce, en bande.

FILIÈRE. Diminutif de la bordure.

FLAMBANT. Terme de blason. Se dit des pals et autres pièces dont les extrémités sont en flammes.

FLAMBEAU. Meuble de blason. La maison *de la Haye du Mesny* (Normandie) porte d'azur au *flambeau* d'argent allumé de gueules, posé en pal, autour duquel s'enroule une couleuvre aussi d'argent.

FLAMME. Les *de Carméjane* portent des flammes dans leurs armoiries.

FLANQUÉ. Terme de blason pour indiquer la position d'une pièce en hauteur qui est à côté d'une autre. C'est aussi une pièce de partition qui forme le quart de cercle ou un losange en partant des angles supérieurs de l'écu pour finir aux angles inférieurs.

FLÈCHE. Meuble héraldique dont l'assiette ordinaire est d'être droite, c'est-à-dire en pal, la pointe vers le chef de l'écu; s'il en est autrement, il faut l'indiquer. *Darcy* (Champagne) porte de gueules au lion d'or, accompagné de trois flèches empennées d'or, la pointe en bas.

FLEURS. Les fleurs de toutes espèces peuvent faire l'ornement des armoiries. Lorsqu'elles sont tigées et

feuillées d'un émail spécial, il est nécessaire de l'indiquer.

FLEURS DE LIS. Le lis aux blanches pétales est
l'emblème de l'espérance. La maison de Bourbon
porta les lis sans nombre jusqu'à Charles V, qui les réduisit au nombre de trois sur le blason royal : d'azur à
trois *fleurs de lis d'or*. On a beaucoup écrit sur la forme
primitive du lis héraldique; nous ne chercherons pas à
analyser tout ce qui a été imprimé à ce sujet; il nous
suffira d'établir que la fleur de lis est comme *arrachée,* au
point de vue héraldique, et que sa forme générale est
bien imitée de celles que les anciens appelaient la reine
des fleurs. Un arrêt du Conseil du 19 mars 1697, dit
M. Grandmaison, enjoignit aux commissaires généraux,
dans la réception des armoiries, de n'admettre aucune
fleur de lis d'or au champ d'azur qu'il ne leur soit justifié
de titre ou de permission valable. Ces titres ou ces per-
missions ont été souvent octroyés par les rois à des fa-

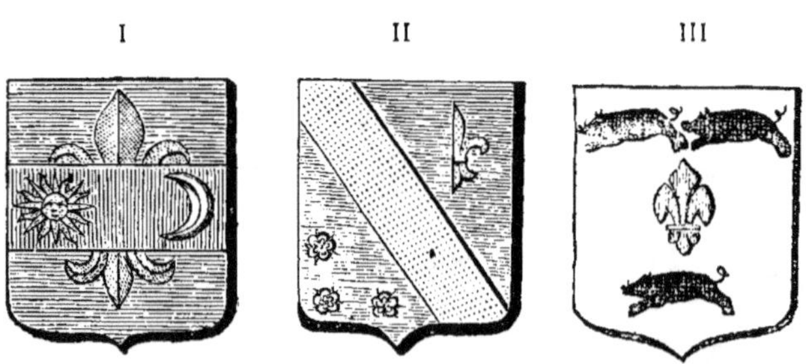

milles qui rendirent de signalés services à la monarchie
française. Les maisons suivantes portent : I. *D'Alauzier,*

d'azur à une fleur de lis d'or, à une fasce de gueules brochante sur le tout et chargée à dextre d'un soleil d'or et
à sénestre d'un croissant d'argent. — II. *Riquet de Cara-
man* (Languedoc), d'azur à la bande d'or accompagnée
en chef d'une demi-fleur de lis de même et en pointe de
trois roses d'argent posées en orle. — III. *De Lonlay*
(Normandie), d'argent à trois sangliers de sable, à la fleur
de lis de gueules en cœur. — IV. *De Lessert*, d'azur à la
fleur de lis d'or en chef, accompagnée en fasce de deux

IV   V   VI

étoiles et en pointe d'un croissant, le tout d'argent. —
V. *Guiton-Villeberge* (Normandie), d'azur à trois fleurs
de lis aux pieds coupés d'argent. — VI. *De Peytes-Mont-
cabrier* (Languedoc), écartelé, aux 1 et 4 d'azur à trois
fasces d'or accompagnées en pointe de deux croisettes
d'argent ; aux 2 et 3 de gueules à la montagne d'argent
sommée d'un arbre à sept branches du même surmonté
d'une chèvre aussi d'argent, au chef d'azur chargé de
trois fleurs de lis d'or.

FLEURS DE LIS NATURELLES. I. Le *baron de
Roux* (Provence) porte d'azur à trois lis de jardin au
naturel, mouvants d'une terrasse de sinople et surmontés

d'un soleil d'or. — II. Les *Rouxelin de Formigny de la Londe* (Normandie) portent parti au 1 d'or au sauvage de

sable tenant une masse de gueules, au 2 d'azur à un bouquet de lis au naturel, à trois tiges mouvant d'une terrasse de sinople à un chien braque couché d'argent, accolé d'or.

FLEURDELISÉ. Terme de blason. Se dit des pièces, comme la croix, le pal, etc., dont les extrémités sont terminées en fleur de lis.

FLEURÉ. Terme de blason se disant de toutes pièces, honorables et autres, dont les bords sont fleuronnés.

FLEURI. Terme de blason se disant des plantes qui sont chargées de fleurs, comme le rosier.

FLOTTANT. Terme de blason se disant des navires ou des poissons sur les eaux.

FOI. Deux mains jointes ensemble se nomment *foi* et forment un meuble de blason qui se place généralement en fasce. On dit que la foi est parée lorsque les mains sortent de manches d'émail particulier. I. *Cousin de la*

Tour Fondue porte de gueules à la foi d'argent. — II.

Le Moce de Vaudouard, d'argent à la foi de carnation accompagnée de trois pommes de sinople.

FONTAINE. Meuble de blason assez rare en France. I. *Goullet de Rugy* (Lorraine) porte d'azur au lion d'or rampant contre une fontaine d'argent, le tout sur une

terrasse de sinople. — II. *De Saint-Giniez* (Languedoc) porte : écartelé, aux 1 et 4 de gueules au chevron d'argent, au chef d'azur chargé de deux étoiles d'or accostant un croissant de même ; au 2 et 3 d'azur au chien rampant et se désaltérant à une fontaine, le tout d'argent.

FORCE. Instrument tranchant à deux branches arrondies par le bas, et dont on se servait pour couper les
cuirs et tondre les draps. Le taillant doit être représenté
vers le chef de l'écu.

FRANC-QUARTIER. Canton d'honneur. Il est un
peu moins grand que le quart de l'écu, dont il occupe le
côté dextre. (Voyez, à l'article suivant, les armes *de Grimouard*.)

FRETTES, FRETTÉ. Bandes et barres entrelacées
formant un treillis de six pièces. I. *De la Moussaye* (Bre-

I   II

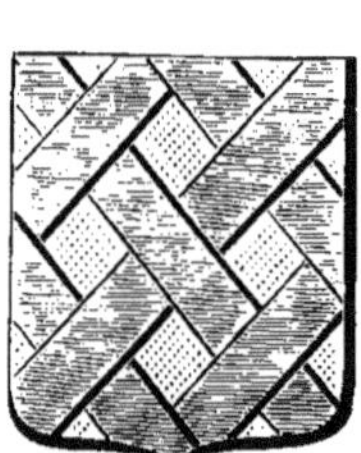 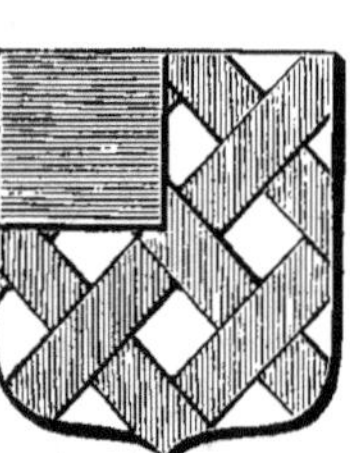

tagne) porte d'or au fretté d'azur. — II. *De Grimouard,*
d'argent au fretté de gueules au franc quartier d'azur.

FRUITÉ. Terme de blason. Se dit des fruits
qui sont d'un émail autre que celui de l'arbre qui les
porte.

FURIEUX. Terme de blason se disant d'un taureau
élevé sur ses pieds.

27.

FUSEAU. Meuble d'armoirie. *Dividis de Saint-Côme*

porte d'azur à trois *fuseaux* d'or sur-
montés d'un lion léopardé de même en
chef.

FUSÉES, FUSELÉ. Sortes de losanges longs et poin-

tus dont les femmes se servaient pour
filer. On les place toujours côte à côte.
I. *D'Heilly* (Picardie) porte écartelé aux
1 et 4 d'argent à trois lionceaux de
gueules ; aux 2 et 3 de gueules à cinq
fusées d'or posées en bande.

FUSTÉ. Terme de blason. Se dit d'un arbre ou d'une
lance dont le tronc ou le manche sont de couleur différentes. Exemple : *De Saint-Pons* porte d'argent à un
orme de sinople fusté de sable.

GAI. Terme de blason pour un cheval sans harnais.

GENÊT. Meuble de blason. La famille *Genêt de
Chatenay* (Gâtinais) porte d'argent au
chevron d'azur accompagné en chef de
deux étoiles de gueules, et en pointe d'un
genêt de sinople.

GENTILHOMME DE NOM ET D'ARMES. Ce-
lui qui porte le nom et les armes d'une terre, bien qu'il
ne soit pas seigneur de cette terre. Dès longtemps de

graves abus ont été signalés à ce sujet. Nous ne saurions mieux faire que de reproduire ici intégralement l'important article que Scohier (chap. XVII) a consacré sur les gentilshommes de nom et d'armes :

« Quand il y a quelques provinces, villes, bourgs, chasteaux, seigneuries ou fiefs nobles ayant armes propres et particulières, les gentilshommes du nom, c'est-à-dire qui portent le nom de telles provinces, villes, bourgs, chasteaux, seigneuries ou fiefs que dessus et les armes semblablement, sont nommés gentilshommes de nom et d'armes, encore qu'ils ne soient seigneurs, en droit quoi se commettent de grands abus : car nous voyons plusieurs gentilshommes de nom et d'armes lesquels, parvenus aux tiltres de dignité, soit par érection de seigneurie en baronnie, comté ou autre, laissent le nom du lieu dont ils portent les armes, prennent le nom de leur baronnie ou comté... En ce cas, voyons-nous pour le jourd'hui que se pratiquent tels abus que dessus, voire entre les seigneurs principaux, qui prennent autre nom que le leur, venant d'ancienneté et propre de leur famille originelle, ce qui cause que les maisons se perdent, et par succession de temps se rendent tellement confuses et obscures que malaisément l'on peut les esclaircir et desvelopper...

« Allant plus oultre, ne vient mal à propos mettre en avant une question à l'endroit de laquelle se commettent de grands abus et fréquens, et est telle :

« Un seigneur ou gentilhomme ayant plusieurs fils donne à chacun d'iceux un village ou une seigneurie, lesquels fils portent les armes de leur père, brisées suivant leur nature.

« Sçavoir si les armes que les fils de ce seigneur ou gentilhomme portent seront les armes des villages et seigneuries qu'iceux ont eu en partage, et s'ils en peuvent prendre le nom et se dire gentilshommes de nom et d'armes par tels moyens?

« La response est que telles armoiries ne sont et ne doivent estre les armes des seigneuries données en partage, d'autant que tels gentilshommes ayant icelles seigneuries et terres n'ont authorité d'establir telles armoiries pour les armes d'une telle seigneurie, mais gît en la concession et puissance du seul prince du pays où telles seigneuries sont situées. »

Ne devrait-on pas reviser les noms et les armes de la noblesse française d'après cette « response » ?

GERBE. Réunion d'épis de blé que l'on noue en  faisceau. Les *de Chauvenet* (Bourgogne) portent de gueules à deux gerbes d'or en fasce.

GIRONNE. Ecu divisé en six, huit ou dix parties triangulaires dont les pointes s'unissent au centre de l'écu. La famille *de Barthélemy* porte *gironné* de sable et d'argent de huit pièces, à l'orle de huit écussons de l'un en l'autre; sur le tout d'azur au chevron accompagné de deux cailloux et un lis, le tout d'argent.

GLAND. Noix de chêne, selon l'expression de Palliot. Le gland se représente toujours avec son *goblet*.

GONFANON. Sorte de bannière à trois ou quatre pendants, avec franges ou bordures dont l'émail est parfois différent. La maison *de La Tour d'Auvergne* porte écartelé aux 1 et 4 de France ancien, à la tour d'argent, qui est *de La Tour ;* aux 2 et 3 de gueules à la croix d'or cléchée, vidée et pommetée, qui est *de Toulouse ;* sur le tout d'or au *gonfanon* de gueules frangé de sinople, qui est *d'Auvergne.*

GORGE. Terme de blason employé pour le cou des oiseaux, lorsqu'il est d'une couleur spéciale.

GOUSSET. Meuble de blason représentant une sorte d'Y dont la queue est droite et posée en pal et en a la largeur. Les deux branches du haut doivent atteindre les deux angles supérieurs de l'écu.

GRELOT. Meuble de blason. Petite clochette ronde que l'on met sur les colliers des chiens et des mulets, ainsi qu'aux pieds des oiseaux de proie. On a aussi appelé le grelot *grellet* et *grillot.*

GRENADE. Fruit du grenadier, emblème de l'unité de l'Église dans les nations : car, dit Palliot, « comme en la grenade il y a plusieurs grains unis et resserrés par une escorce, ainsi l'unité de la foy couvre une infinité de peuples en l'Église sainte ». En blason, la grenade est représentée soit ouverte et montrant ses grains, soit fermée.
I. *Levesque de Puiberneau* (Aunis) porte d'azur à trois

grenades d'or tombantes. — II. La famille *Doncquer* porte écartelé aux 1 et 4 de sinople à trois *grenades* d'argent; aux 2 et 3 d'or à la tour crénelée d'azur posée

sur une mer au naturel, et dont est issant un fauconnier habillé de gueules, tenant sur sa dextre un faucon de sable; sur la mer, un cygne d'argent nageant vers la tour; sur le tout, de pourpre à neuf billettes d'argent posées 4, 3 et 2.

GRIFFON. « Demy-aigle et demy-lion ». Sa position ordinaire dans le blason est d'être rampant. I. *De*

Gratet du Bouchage (Bugey) porte d'azur au *griffon* d'or. — II. *De Leschaux* (Franche-Comté), d'azur au *griffon*

d'or. — III. *Brenguier de Laguiolle* (Rouergue), écartelé aux 1 et 4 de gueules au *griffon* d'or, à la bordure componnée de même, qui est *de Brenguier ;* aux 2 et 3 de gueules au sautoir d'argent cantonné de quatre clefs de même, qui est *de Clavières.*

GRILLETÉ. Terme de blason. Se dit des oiseaux qui ont des grelots aux pieds.

GRINGOLÉ. Terme de blason employé pour toute pièce qui se termine en tête de serpent.

GRIOTTE. Sorte de cerise assez rarement employée 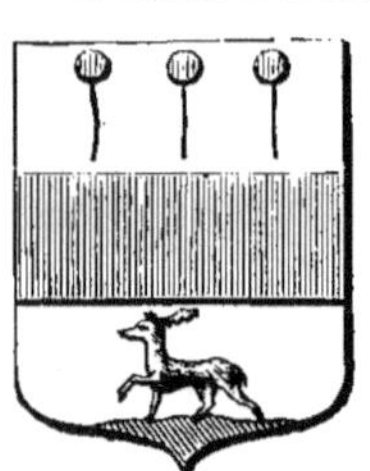 comme meuble héraldique. *Siraudin* (Màconnais) porte d'argent à la fasce de gueules accompagnée en chef de trois cerises *griottes* au naturel, et en pointe d'un daim passant du même sur une terrasse de sinople.

GUEULES. (Voir la première partie de cet ouvrage, où il est traité des couleurs héraldiques.)

GUI. Plante verte parasite du chêne. La famille *Le*  *Gui de la Villette* (Forez) porte d'argent au chevron de gueules accompagné en chef d'un croissant de sable accosté de deux étoiles de même, et en pointe d'un chêne avec *gui* de sable.

GUIDON. Enseigne étroite, longue et fendue, dont on se servait principalement dans la cavalerie. On les pose ordinairement en blason, en pal ou en croix.

GUIVRE. Serpent à la queue ondée ou tortillée. Se pose en pal. On la dit rampante lorsqu'elle est en fasce.

GUIVRÉ. (Voir *Vivré*.)

GUMÈNE. Corde de l'ancre qui est parfois d'un émail particulier, et que l'on blasonne alors sous ce nom. Exemple : d'azur à l'ancre d'or, la gumène de gueules.

HABILLÉ. Terme de blason. Se dit de l'homme et de la femme lorsqu'ils sont revêtus d'un costume. On dit aussi d'un navire qu'il est habillé lorsque ses voiles sont d'un autre émail.

HACHE. Meuble de blason assez commun. I. *Merlin d'Estreux de Beaugrenier* (Flandre) porte d'azur à trois *haches* d'or. — II. *Le Charpentier* (Normandie) porte

I   II

écartelé aux 1 et 4 d'azur au chevron d'or accompagné de trois *haches* d'argent emmanchées d'or; aux 2 et 3 d'argent au rosier de sinople fleuri de gueules.

HACHE D'ARMES. Le *cardinal Mazarin* portait d'azur à la *hache* d'armes ou consulaire, entourée d'un faisceau de houssines d'argent à la fasce de gueules chargée de trois étoiles d'or.

HAIE. Cloison de fascines entrelacées dans des pieux. Se place toujours en fasce.

HALLEBARDE. Meuble de blason qui se pose généralement en pal.

HAMÉIDE. Ce sont trois fasces alésées qui n'ont qu'un seul nom : d'or à l'haméide de gueules. Les haméides étaient soit des barrières à jour, soit des pièces de bois propres à supporter des tonneaux.

HARPIE. Corps de vautour, tête de femme, queue de serpent, ailes et griffes d'aigle, le tout est dénommé harpies ; mais, en blason, les harpies sont simplement représentées sous la forme d'une aigle avec une tête de jeune fille.

HEAUME. Casque de combat du moyen âge. Il est représenté fermé, ouvert ou grillé. Nous en avons parlé dans la première partie de ce livre.

HERMINE. L'hermine, dont nous avons déjà parlé au commencement de cet ouvrage, peut être employée de diverses sortes en blason. I. *Gelly de Montcla* porte *d'hermine* au lion naissant de gueules. — II. *Petiet,* coupé : le premier, parti d'argent à l'étoile d'or, de gueules à l'épée d'argent et à la palme d'or passées en sautoir ; le second, d'*hermine* plein. — III. *Le Pan de Ligny* (Cambrésis), d'azur à la fasce abaissée d'argent, chargée de deux trèfles de sable, accompagnée en chef de trois étoiles d'or, et en pointe d'une tête de paon ar-

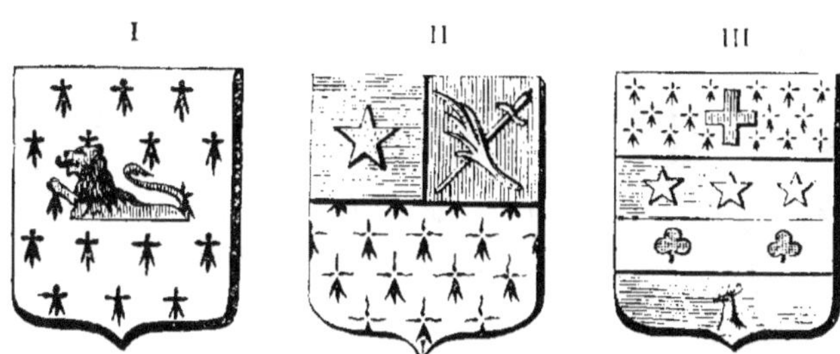

rachée de même, au chef d'hermine chargé d'une croisette de gueules. — IV. *Ricaume,* coupé au premier de gueules à la tour crénelée d'or, maçonnée, ouverte et ajourée de sable, accompagnée en chef de deux étoiles

d'or; au second, parti d'*hermine* à la bande de gueules et d'argent, au lion de sable armé, couronné et lampassé d'or. — V. *De Valicourt* (Hainaut), d'azur au lis tigé et feuillé d'argent, sur une terrasse de même, accosté de deux lièvres courants aussi d'argent au franc quartier d'*hermine*.

HERSE SARRASINE. Meuble de l'écu formé de six pals alésés et aiguisés par le bas avec cinq traverses, le tout cloué et soutenu par un anneau.

HOUSSEAU. Sorte de bottes dont se servaient les

hommes d'armes (on peut dire aussi *houssette*). *Aubert de Trégomain* (Bretagne) porte d'azur à un housseau d'argent chargé d'un croissant de gueules.

HUCHET. Petit cornet de chasseur pour appeler les chiens à la chasse. (Voir les armes *de Jegou*.)

HULOTTE. Meuble de blason très rare. *Hulot de*

Collard porte écartelé aux 1 et 4 d'or à la fasce crénelée et abaissée de gueules, accompagnée en chef d'une *hulotte* de sable armée et allumée du champ, tenant de la patte dextre une épée d'argent montée d'or, et en pointe d'une bombe d'azur, qui est *de Hulot;* aux 2 et 3 d'azur à l'aigle éployée d'or, au vol abaissé, qui est *de Collard.*

HURE. Tête de sanglier coupée ou arrachée. Se représente, en blason, le boutoir tourné vers le flanc dextre de l'écu. Si elle est dans une autre position, il est nécessaire de l'indiquer. La défense du sanglier doit être blasonnée si elle est d'un autre émail. On appelle aussi *hure* la tête du brochet. I. *Prévost de la Boutelière* (Poitou), d'argent à trois *hures* de sable, les deux du chef af-

frontées, celle de la pointe contournée à sénestre. — II.
Bouez d'Amazy (Nivernais), écartelé aux 1 et 4 d'argent

à trois *hures* de sanglier de sable contournées à sénestre,
arrachées de gueules, défendues d'argent, et une cigogne
en abîme tenant en son bec une couleuvre de sinople, qui
est *de Bouez d'Amazy;* aux 2 et 3 d'azur au lion passant d'or, surmonté de trois trèfles d'argent, qui est *de
Chargères.* — Henri *de Fontbrune* porte une *hure* en ses
armes.

HYDRE. Serpent à sept têtes, assez rare en blason.

ISSANT. Terme de blason. Se dit des animaux dont
on n'aperçoit que la tête et une petite partie du corps.

IMMOLÉ. Petites fasces jumelles que l'on dit parfois
immolées. *Hubert de la Massue* (Breta-
gne) porte d'azur à trois fasces *immolées* de gueules.

Ce mot *immolé* ne se trouve ni
dans Palliot ni dans le Dictionnaire de
M. Grandmaison.

JAMBE. Très rare comme meuble de blason. La famille *Estienne de Chaussegros,* marquis *de Lioux,* porte écartelé aux 1 et 4 d'azur à trois bandes d'or, qui est *d'Estienne* ancien ; aux 2 et 3 d'or à la jambe de gueules, qui est de *Chaussegros de Lioux*.

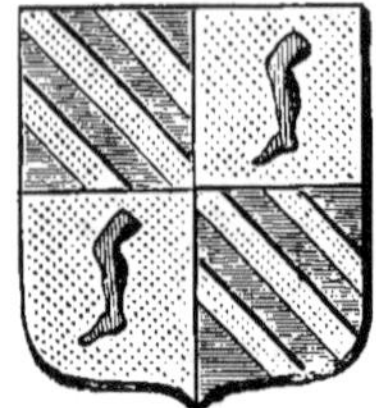

JUMELLE. Fasce double, ou plutôt double fasce en devise, n'ayant que les trois quarts de la largeur d'une fasce. La famille *de Toulongeon* (Bourgogne) porte écartelé aux 1 et 4 de gueules à trois fasces ondées d'or ; aux 2 et 3 de gueules à trois *jumelles* d'argent.

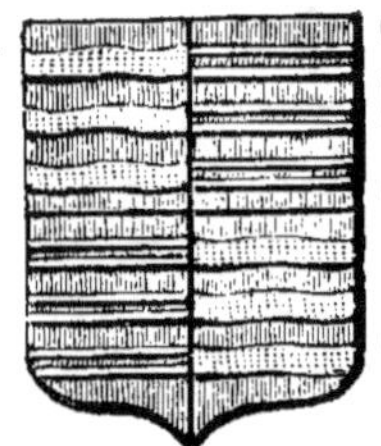

LACS D'AMOUR. Meuble de l'écu. Cordon entrelacé. *Belot de Moulins* (Blésois) porte d'azur au *lacs* d'amour d'or, surmonté de deux étoiles d'or rangées en chef.

LAMBEL. Pièce de brisure la plus noble en ce genre, sorte de filet avec des pendants qui s'élargissent en finissant. Il y en a généralement trois : deux aux extrémités et un au milieu du filet. Dans ce cas, on dit au *lambel* simplement. Lorsque le nombre des pendants dépasse trois, il faut en désigner le nombre. *De Maussabré* (Berry) porte d'azur au *lambel* d'or en chef.

LAMBREQUINS. Pièce d'étoffe découpée, ou plutôt hachée, et jetée autour et au-dessus de l'écu comme ornement du timbre. Les chaperons que l'on portait sur les casques ont dû leur donner naissance, dit M. Grandmaison. Il est de règle héraldique que le fond du lambrequin doit être de l'*émail* du champ de l'écu, et les bords des autres émaux de cet écu.

LAMPASSÉ. Terme de blason. Se dit de la langue des animaux dont l'émail est particulier. I. *Auffray* (Bretagne), fascé d'argent et de sable de six pièces au lion d'or armé, *lampassé* et couronné de gueules brochant sur le tout. — II. *Noël des Vergers* (Normandie), d'azur

I

II

au lion rampant d'argent, armé et *lampassé* de gueules, accompagné en chef de deux étoiles d'argent.

LANCE. Arme de guerre ancienne qui servait aux
joutes et aux tournois ; elle signifie la force
jointe à la prudence. I. Les *de Ville-*
neuve, premiers marquis de France (Provence), portent de gueules fretté de six
lances d'or, accompagnées de petits écussons d'or semés dans les claire-voies ; à
un écusson en cœur d'azur chargé d'une fleur de lis
d'or.

LARMES. Quelques familles, en souvenir d'événements douloureux, ont chargé leur blason de larmes, comme les *Mélissant,* les
du Bouchet, les *Fouchiers,* etc. La famille
Le Chanteur de Pontaumont (Normandie)
porte aussi de gueules au chevron d'or
accompagné de trois *larmes* d'argent.

LÉOPARD. Il est représenté, en blason, passant et
la tête vue *toujours* de front. Sa queue doit être retroussée sur le dos, l'extrémité en dehors. I. *De Bréhan* (Bre-

I   II

tagne), de gueules au *léopard* d'argent. — II. *De Crois-*

mard (Normandie), d'azur au *léopard* d'or. — III. *Le
Jumeau de Kergaradec* (Bretagne), de gueules au *léopard*

<table>
<tr><td>III</td><td>IV</td></tr>
</table>

d'or. — IV. *De Montsaulnin* (Nivernais), de gueules à
trois *léopards* d'or, couronnés de même, l'un sur l'autre.

LÉOPARD LIONNÉ. Lorsque le léopard (la tête
vue de front) est rampant comme le lion, on le dit *léopard lionné.*

LÉOPARDÉ. Terme de blason. Se dit du lion pas-

sant. La maison *de Puisaye* porte d'azur
à deux *lions léopardés* d'or.

LETTRES. Les lettres de l'alphabet peuvent entrer
dans la composition d'un blason, soit en
souvenir d'un fait mémorable, soit pour
indiquer les diverses familles issues du
même nom. La branche ainée de la famille *Le Lièvre de la Grange* (Ile-de-
France) porte écartelé au 1 d'azur à

l'épée haute d'or, qui est des comtes militaires ; aux 2 et 3 de sable, au griffon d'or armé et lampassé de gueules, celui du troisième quartier contourné ; au 4 d'azur, au sénestrochère brassardé d'argent et surmonté de la lettre E (Essling), sur le tout d'azur au chevron d'or, accompagné en chef de deux roses d'argent, et en pointe d'une aigle éployée, au vol abaissé de même.

LEVE. Terme de blason se disant de l'ours en pied.

LÉVRIER, LEVRETTE. Le lévrier se représente généralement passant et courant. S'il y en a deux, ils doivent être affrontés et debout.

LIÉ. Terme de blason employé pour les choses attachées, comme les clefs, et pour le cerclage des tonneaux.

LICORNE. Se représente sous la forme d'un cheval portant une longue corne au milieu du front. Elle est généralement représentée passante. Dans le cas contraire, on la dit *saillante*.

LIÈVRE. Animal que l'on représente en souvenir de faits cynégétiques. *Barbier de Préville* (Ile-de-France) porté d'azur au chevron d'or accompagné en chef de deux croissants d'argent, et en pointe d'un *lièvre* d'or courant sur une terrasse d'argent.

LION. Voici, d'après Palliot, l'opinion qu'on avait du lion dans les temps chevaleresques : « Le lion est le plus fort et le plus généreux des animaux terrestres, mais principalement à cause des qualités royales qui sont en luy... Le lion a cela de propre qu'il ne dort jamais, ou, s'il dort, c'est avec si peu de repos qu'il ne laisse pas d'avoir les yeux ouverts... Jamais il n'offense ceux qui s'humilient devant luy; il ne touche point aux petits enfants, et entre les hommes et les femmes il s'adresse plutôt aux hommes, et entre ceux qui le provoquent il choisira toujours celuy qui l'aura blessé, comme méprisant les autres. »

On conçoit que, d'après une telle opinion de la force, de la générosité, de la vaillance du roi des animaux, le lion devait être de tous les meubles héraldiques le plus recherché et le plus glorieux. Aussi le nombre des gentilshommes qui portent un lion dans leurs armoiries est-il incalculable. Nous en reproduirons quelques-uns. I. *De Coustin de Manasdaud* (Limousin), d'argent au *lion* de sable armé, lampassé et couronné de gueules. — II. *De Fabry,* d'or au *lion* de sable armé et lampassé de gueules. — III. *De Foucher de Careil* (Poitou), de sable au

lion d'argent. — IV. *De Lamberterie* (Périgord), d'azur au *lion* d'argent armé et lampassé de gueules. — V.

Belli de Venançon (Nice), d'or au *lion* d'argent. — VI.
Le Maire de Montifault (Gâtinais), d'or au *lion* de sable

IV   V   VI

armé et lampassé de gueules, tenant entre ses pattes un
écusson d'azur. — VII. *Du Breil* (Bretagne), d'azur au
lion d'argent. — VIII. *Mouillart de Torcy* (Dauphiné),

VII   VIII   IX

d'or au *lion* de vair armé et lampassé de gueules. — IX.
Des Courtils de Bessy, d'azur au *lion* d'argent armé et
lampassé de gueules, portant au cou l'écu de Flandre,
d'or au *lion* de sable, attaché par un collier de gueules.
— X. *De Fouchier* (Anjou), d'argent au *lion* de sable
armé et lampassé de gueules.—XI. *De Grasse* (Provence),
d'or au *lion* de sable armé, couronné, lampassé et vilené

de gueules. — XII. *Rous de la Mazelière,* d'azur au *lion* d'argent. — XIII. *Bouard de La Forest,* d'argent

au *lion* de sinople, accompagné en chef de deux étoiles de même. — XIV. *De Cosnac* (Limousin), d'argent au

lion de sable armé, lampassé et couronné de gueules, l'écu semé de molettes de sable. — XV. *Quintin de Kercadéo,* d'argent (Bretagne), au *lion* morné de sable, accompagné de trois molettes d'éperon de même. —XVI. *De Breuilly,* d'azur au chef cousu de gueules, au *lion* couronné d'or brochant sur le tout. — XVII. *Melier de Labarthe* (Languedoc), de gueules au *lion* d'or, à la bordure componnée de sable et de gueules. — XVIII. *De Menthon* (Haute-Savoie), de gueules au *lion* d'argent, à la bande d'azur

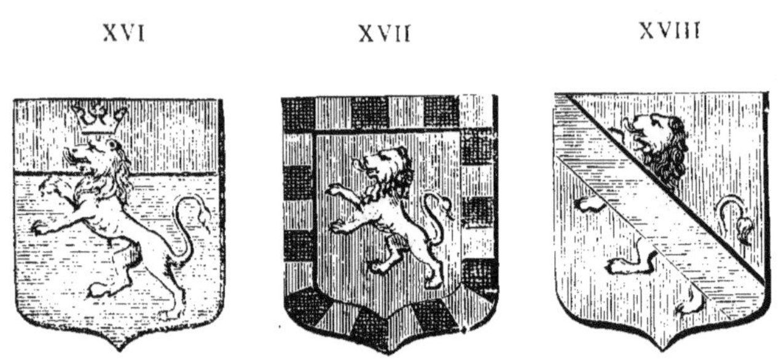

brochant sur le tout. — XIX. *Achard de Bonvouloir* (Poitou), d'azur au *lion* d'argent armé et lampassé de

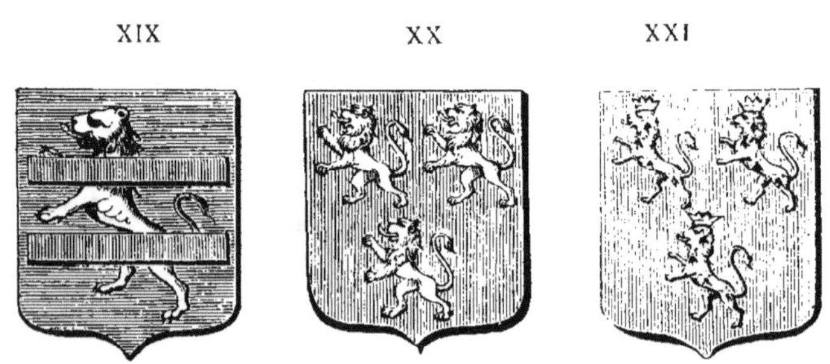

gueules, chargé de deux fasces alaisées aussi de gueules. — XX. *D'Esclaibes,* de gueules à trois *lions* d'argent. — XXI. *Luette de la Pilorgerie* (Maine), de gueules à trois *lions* d'hermine couronnés d'or.

Nota. — Le lion peut être *diffamé,* c'est-à-dire sans queue; *dragonné,* moitié lion, moitié serpent; *léopardé,* passant; *morné*, sans dents; *armé* de ses dents; *naissant,* à mi-corps; *vilené* ou *éviré*, privé de sa verge.

LIONNETS, LIONCEAUX. Petits lions, toujours en nombre.

LIS. (Voyez *Fleurs de lis.*)

LITRE, LISIÈRE. Ceinture funèbre. « Est une *trace,* dit Palliot, de peinture de couleur noire, large d'un pied et demy, qui s'applique contre les murailles d'une église en signe de deuil du seigneur haut justicier du lieu, sur laquelle *trace* en divers endroits sont peintes les armes du deffunt. »

LORRÉ. Terme de blason. Se dit des nageoires des poissons.

LOSANGE. Meuble de blason. Figure géométrique très commune dans les armoiries; diffère de la fusée en ce qu'elle est plus large du milieu, des macles et des rustres en ce qu'il est plein et sans ouverture, les macles étant percées en forme de losange et les rustres en forme de cercle. I. *Bertrand de Beuvron* (Bourbonnais) porte

I   II   III

losangé de gueules et d'hermine. — II. *Frottier de la*

Messelière (Poitou), d'argent au pal de gueules accosté de dix *losanges* de même, cinq de chaque côté. — III. *Carra de Vaux,* d'azur au chevron d'argent accompagné de trois *losanges,* celui de la pointe soutenu d'un croissant de même. — IV. *De Salignac de la Mothe-Fénelon,* écartelé aux 1 et 4 d'azur au chevron d'or accompagné en chef de deux *losanges* d'or, et en pointe d'un lion de

IV

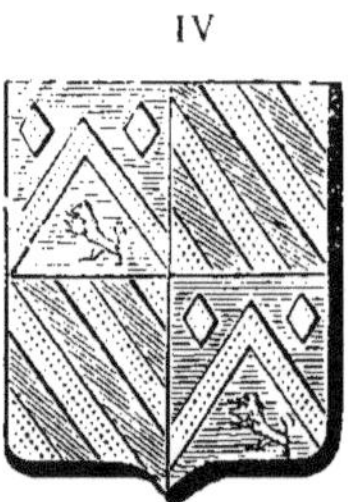

V

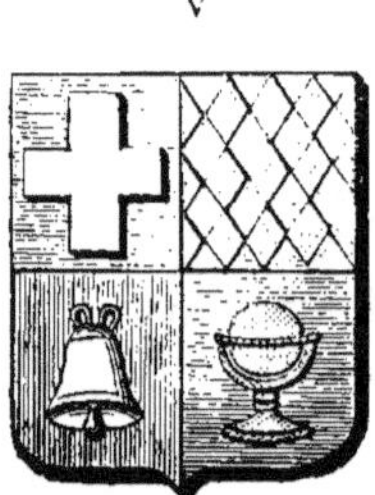

même, qui est *de Caze;* aux 2 et 3 d'or à trois bandes de sinople, qui est *de Fénelon.* — V. *De Raymond* (Quercy), écartelé : au 1 d'azur à la croix alésée d'argent; au 2 *losangé* d'or et d'azur; au 3 de gueules à la cloche d'argent; au 4 d'azur à la sphère terrestre d'or cerclée et montée de même.

LOUP. Se représente de profil, tantôt passant, tantôt rampant. Dans ce dernier cas, on le dit *ravissant.*

LUNE. Cet astre se représente en croissant avec une figure humaine au milieu. La lune a les mêmes positions héraldiques que le croissant.

L'UN EN L'AUTRE. Terme de blason. Se dit d'un  écu à partition chargé de pièces dont les émaux sont intervertis. *Bessas de la Mégie* (Aquitaine), écartelé aux 1 et 4 de gueules à la fasce d'or accompagnée de trois béliers d'argent; aux 2 et 3 coupés d'azur et d'or à 3 lions de *l'un en l'autre*.

L'UN SUR L'AUTRE. Terme de blason. Se dit des animaux posés les uns au-dessus des autres.

LYS (Voyez *Fleurs de lis.*)

MACLES. Figures quadrangulaires en forme de losange, mais percées au milieu. *Le Goazre de Toulgoët* porte écartelé aux 1 et 4 d'argent au *macle* d'azur; aux 2 et 3 d'azur au chevron d'or accompagné en chef de deux étoiles et en pointe d'un dauphin couronné de même; sur le tout d'argent à la croix pattée de sinople, cantonnée de quatre molettes de sable, au chef de Malte.

MAÇONNÉ. Terme de blason pour indiquer le mortier qui forme les filets dans la jointure de maçonnerie. *De Carmoy* porte écartelé aux 1 et 4 d'azur à la tour d'argent *maçonnée* de sable, sommée de trois tourillons, portée sur une demi-roue de même; aux 2 et 3 d'or au lion d'azur; sur le tout d'or au bœuf de sable accorné de gueules.

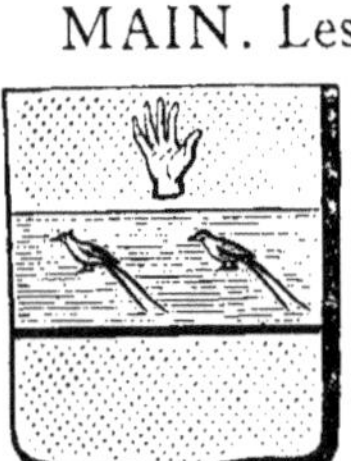

MAILLET. Meuble de blason. Marteau de bois des menuisiers. La famille *Aubert* porte de gueules à trois *maillets* d'or. Les *de Ruddere,* en Flandre, portent les mêmes armes.

MAIN. Les mains, comme meubles héraldiques, sont très honorables. Leur position ordinaire, en blason, est d'être en pal, les doigts vers le chef et montrant la paume. *Richemont des Bassayns* (île Bourbon) porte d'or à la fasce d'azur chargée de deux oiseaux (paille-en-queue), accompagnée en chef d'une main de carnation.

MAISON. Se représente d'un ou de plusieurs émaux. Le toit se dit *essoré.*

. MAL ORDONNÉ. Terme de blason pour désigner que trois pièces qui doivent être généralement posées 2 et 1 sont posées 1 et 2. *Merlet* (Bretagne) porte d'azur au chevron d'argent accompagné en chef de trois merlettes d'argent *mal ordonnées,* et en pointe d'une hure de sanglier de même; au franc-quartier des barons de l'Empire tirés du Conseil d'État.

MAL TAILLÉE. Terme de blason. Se dit d'une manche d'habit qui est de forme bizarre.

MANTEAU. Cotte d'armes des chevaliers, que l'on chamarrait des armoiries de celui qui la portait : de là l'usage de peindre ou graver les blasons sur des manteaux. Les manteaux des rois de France, des princes, ducs, pairs, chanceliers et maréchaux de France, ainsi que ceux des prélats, étaient doublés d'hermine.

MANTELÉ. Terme de blason. Se dit des animaux qui sont couverts d'un manteau.

MANTELÉ. Pièce héraldique ressemblant au *chapé* et n'en différant que parce qu'elle finit au tiers de l'écu, vers le chef.

MARINÉ. Animal quelconque dont la moitié du corps se termine en queue de poisson.

MARQUETÉ. Terme de blason. Se dit des animaux qui sont représentés avec des taches.

MARTEAU. Outil de forgeron différant du maillet, qui est l'outil des menuisiers.

MASSACRE. Terme de vénerie. Tête de cerf garnie de ses cornes. Le massacre se représente toujours de front. Quand il est de profil, il faut l'indiquer.

MASSE, MASSUE. Armes de combat, souvent employées en blason. (Voir le blason *d'Espourrin,* qui suit.)

MAURE. Les têtes de Maure sont des pièces héraldiques assez communes en blason, et qui, en général, sont des souvenirs des croisades. I. *D'Espourrin* (Espagne), *d'azur à deux massues d'argent* liées et passées en sautoir, accompagnées de trois *têtes de Maure* de sable en chef et de trois épées de gueules en pointe. — II. *Le Noir de la Cochetière* (Anjou), d'argent à trois *têtes de*

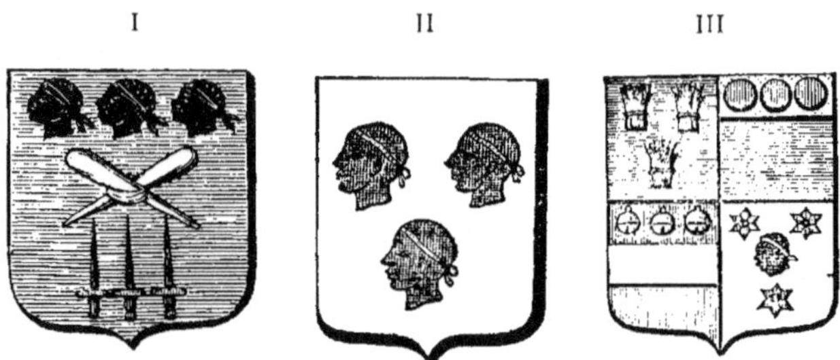

I   II   III

Maure de sable tortillées d'or, posées 2 et 1. — III. *Bourrée de Corberon*, écartelé au 1 d'azur à trois gerbes (ou bourrées) d'or ; au 2 d'azur au chef d'or chargé de trois tourteaux de gueules ; au 3 de gueules à la fasce d'argent surmontée de trois grillets de même ; au 4 d'argent à la *tête de Maure* de sable accompagnée de trois molettes de gueules.

MEMBRE. Les pattes des animaux peuvent être représentées seules, dans un blason, sous le nom de *membres*.

MEMBRÉ. Terme de blason. Se dit de l'émail particulier des membres des animaux. *Poulpiquet de Brescanvel* (Bretagne) porte d'azur à trois poules d'argent becquées, *membrées* et allumées de gueules.

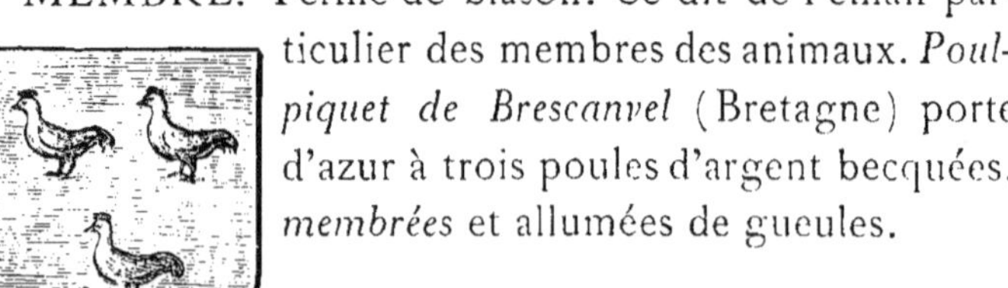

MENU VAIR. On dit du vair qu'il est *menu vair*

lorsqu'il est composé de six tires ou rangées de vair au lieu de quatre. Si le menu vair n'a que cinq tires, il faut l'indiquer. Les émaux ne se nomment pas quand ils sont d'argent et d'azur.

MERLE. Cet oiseau est assez rare en blason. La famille *d'Hinnisdal* (Artois) porte de sable au chef d'argent chargé de trois *merles* de sable.

MERLETTES. Sorte d'oiseau que l'on représente toujours, comme les alérions, sans bec et sans jambes. Les merlettes sont passantes, les ailes jointes au corps. I. *Trochon de la Théardière* (Anjou), d'argent à trois *merlettes* de sable posées 2 et 1. — II. *De Louvencourt*

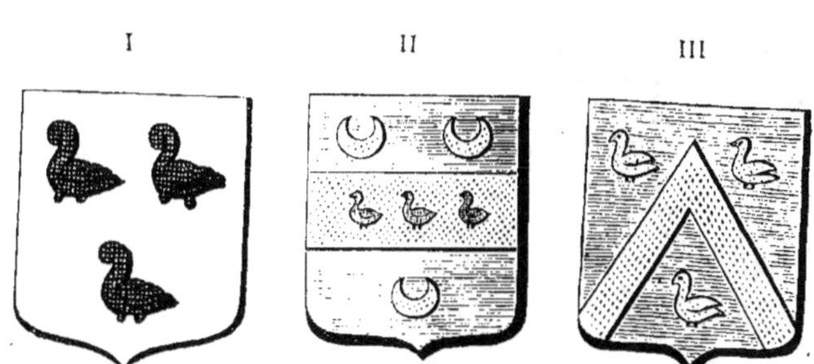

(Picardie), d'azur à la fasce d'or chargée de trois *merlettes* de sable et accompagnée de trois croissants d'or, 2 et 1. — III. *Blondel* (Dauphiné), d'azur au chevron d'or accompagné de trois *merlettes* de même. — IV.

Martin de la Porte (Maine), d'azur à la molette d'éperon d'argent accompagnée de trois *merlettes* de même, 2 et 1. — V. *Guynot* (Bretagne), de gueules à trois *mer-*

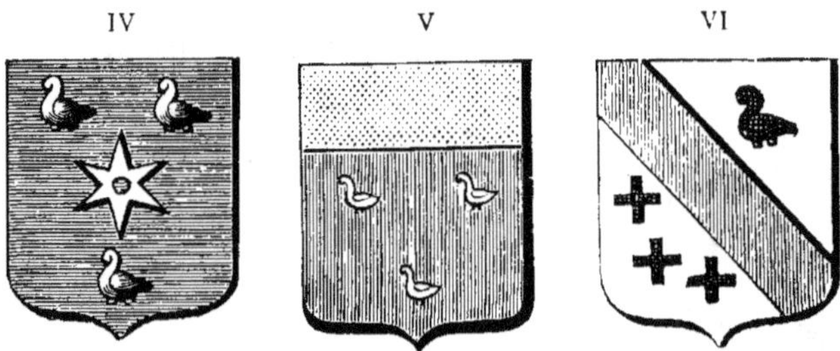

lettes d'argent, au chef d'or. — VI. *Boullaye de Thevray* (Normandie), d'argent à la bande de gueules accompagnée en chef d'une *merlette* de sable, et en pointe de trois croisettes de même posées en orle.

MÊME (DE ou DU). Terme de blason employé pour éviter la répétition des émaux. *De Lostanges* porte d'argent au lion de gueules, à l'orle de cinq étoiles de même, le lion armé et couronné d'azur.

MI-PARTI. Terme de blason. Se dit de l'écu qui est parti de deux armoiries, chaque parti n'ayant que la moitié de ces armoiries. La maison *de Bastard* porte d'or à l'aigle de l'Empire *mi-parti* d'azur à la fleur de lis d'or.

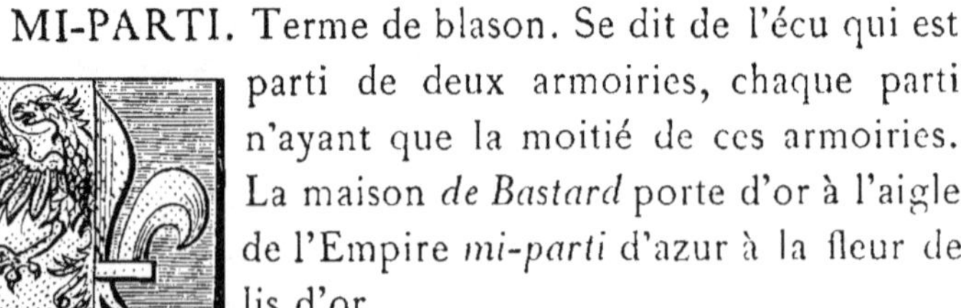

MIRAILLÉ. Terme de blason se disant des diaprures qui ornent les ailes des papillons.

MITRE. Chapeau d'évêque, assez fréquemment employé dans la composition des armoiries.

MOLETTE D'ÉPERON. Pièce principale de l'éperon, ou plutôt l'éperon même. Elle est garnie de raies en forme d'étoile et percée au milieu. I. *Le Goueslier d'Ar-*

<table>
<tr><td>I</td><td>II</td></tr>
</table>

 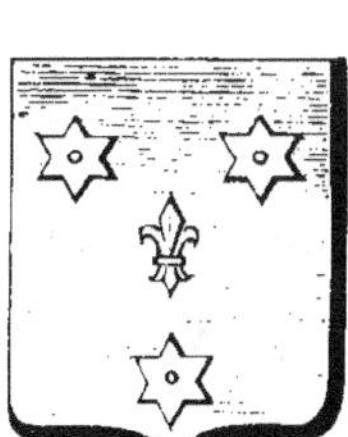

gence porte d'azur à trois *molettes d'éperon* d'or. — II. *Mouessan de la Villirouet* (Bretagne), d'azur à trois *molettes d'éperon* d'argent, à la fleur de lis en abîme de même.

MONDE. Globe terrestre cerclé et surmonté d'une croix que l'on fait porter en main à des rois ou empereurs. On le trouve comme meuble héraldique.

MONSTRUEUX. Animaux qui ont face humaine ou dont les membres sont empruntés à d'autres animaux.

MONTAGNE. Les monts et montagnes peuvent être représentés avec ou sans *coupeaux*. I. *Barthélemi de Sai-*

zieu porte d'azur à la *montagne* de six coupeaux d'or

 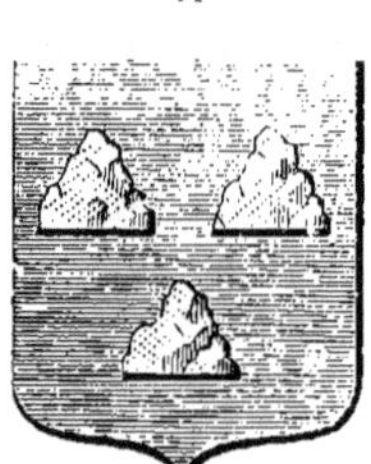

accompagnée de trois étoiles de même. — II. *De Mont de Benque* (Armagnac), d'azur à trois *monts* d'or.

MONTANT. Terme de blason. Se dit des armoiries,  croissants, etc., dressés vers le chef de l'écu. *Joly de Sailly* porte d'azur au lion d'or accompagné en chef d'un croissant *montant* d'argent accosté de deux étoiles à six rais d'or.

MONTJOIE. Sorte de montagne à six coupeaux, que la famille *Guillart de Fresnay* (Poitou) dénomme montjoie dans ses armoiries : écartelé aux 1 et 4 de gueules à deux bourdons d'or posés en chevron, accompagnés de trois montjoies d'argent, qui est *de Guillart ;* aux 2 et 3 d'argent au chevron d'azur chargé de trois besants d'or, accompagné en chef de deux étoiles de sinople, et en pointe d'un lion de sable armé et lampassé de gueules, qui est *de Fresnay.*

MORAILLES. Sorte de tenailles liées et crénelées dont on se servait pour maintenir les chevaux.

MORNÉ. Terme de blason. Se dit du lion qui n'a ni dents, ni langue ni ongles.

MORTIER. Bonnet rond et plat. Marque de la justice souveraine. Le mortier du Chancelier est de toile d'or, bordé et rebrassé d'hermine et surmonté de la figure de la France, comme chef de la justice de l'État; celui des présidents, de velours ou panne noire avec deux larges passementeries d'or. Cette passementerie est cependant plus ou moins grande, selon le rang du président.

MOUCHE. Meuble de blason. Mouche à miel qui, héraldiquement, est toute différente de l'abeille et du taon, etc. Exemples : I. *Barberin Barberini* (Comtat

Venaissin) porte d'azur à trois *abeilles* d'or. — II, *Doublet de Persan* (Ile-de-France), d'azur à trois *mouches* ou *demoiselles* à doubles ailes d'argent, volant en bande. —

III. *Cousin de Mauvaisin* (Languedoc), d'or au chevron de gueules accompagné de trois *mouches* ou *cousins* au naturel. — IV. *Révérend du Mesnil* (Normandie), écar-

telé aux 1 et 4 de sinople à trois *mouches* d'or; aux 2 et 3 de gueules à l'aigle d'argent.

MOUCHETÉ. Plumeté, découpé, imitation de broderies que l'on fait sur les étoffes. Leur forme est celle des tierce-feuilles avec queue en haut. On les place en petites figures séparées les unes des autres; elles peuvent remplir l'écu comme l'hermine.

MOUCHETURE. (Voyez *Hermine*.) On ne peut mettre qu'une moucheture d'hermine en blason. I. *Chap-*

pot de la Chanonie (Bas-Poitou) porte de sable à trois chevrons d'argent sommés d'une étoile d'or accostée d'un croissant d'argent à sénestre et soutenue d'une *mouche-ture* de contre-hermine. — II. *De Fontaines de Boiscard* (Normandie), d'argent au chevron de sable accompagné de trois *mouchetures* d'hermine de même. — III. *De Montbrial* (Velay), écartelé aux 1 et 4 d'azur au mont d'or ; aux 2 et 3 d'argent à trois *mouchetures* d'hermine.

MOUTON. Meuble de blason. Se représente passant. Lorsque, par exception, on le dessine rampant, il est dit *sautant.*

MOUVANT. Terme de blason. Se dit des pièces qui semblent *entrer* dans l'écu et dont on ne voit qu'une partie. I. *Du Gardier* (Dauphiné) porte d'azur à un lion d'argent regardant un soleil d'or *mouvant* de l'angle

I   II

dextre de l'écu. — II. *De l'Escaille* (Brabant), de gueules à l'avant-bras gantelé d'argent *mouvant* du flanc sé-

nestre de l'écu et tenant une bride de sable ; au chef d'or
chargé d'une aigle naissante de sable.

MUSELÉ. Animaux qui ont la tête prise dans une
muselière dont l'émail doit être particulièrement dé-
signé.

NAISSANT. Terme de blason. Se dit des animaux
qui ne montrent que la tête, les épaules, les pieds et
jambes de devant, le reste du corps étant caché. (Voir,
au mot *Mouvant,* l'aigle du blason *de l'Escaille.*

NATUREL. Terme de blason se disant de toute
pièce qui est représentée au naturel, excepté de l'homme,
qui, n'ayant pas d'émail particulier, se dit de *carnation.*

NAVIRE. Meuble héraldique. Il est dit *équipé* de
ses mâts et *habillé* de ses voiles. Les armes les plus célèbres ayant un navire sont celles de la ville de Paris,
dont la merveilleuse devise : *Fluctuat nec mergitur,*
donna toujours raison aux événements.

NÉBULÉ. Terme de blason. Se dit des pièces faites
en forme de nuée.

NOMBRIL. L'écu, dit Palliot, se divise en neuf
points, dont les trois principaux sont la place du chef,
de la fasce et de la pointe. Le bas du chef, qui est le point
où le chef se joint à la fasce, s'appelle la *place d'honneur,*
et le bas de la fasce, qui est le point où la fasce se joint

à la pointe (ou champagne), est le point du *nombril,* marqué par la lettre F dans le dessin ci-dessous :

<pre>
A   B   C
           D
           E
           F
G   I   H
</pre>

On dit donc des pièces qui occupent la place de l'F qu'elles sont en *nombril.*

NOUÉ. Terme de blason. Se dit des queues de lion qui sont entortillées et paraissent nouées. Ce terme est également employé pour des fasces qui sont plus larges du milieu et comme cerclées.

NOUEUX. Terme de blason pour désigner les troncs et les branches d'arbres ayant des nœuds.

NOURRI. Terme de blason employé pour le pied des plantes et des fleurs de lis dont la pointe d'en bas ne paraît pas.

NUAGÉ. Terme de blason. Se dit des fasces, bandes, barres, etc., dont les traits, au lieu d'être réguliers, sont en forme de trois cercles aboutés.

NUÉE. Le nuage est parfois un meuble de blason.

De Montgrand (Vivarais) porte d'azur à la haute montagne d'or mouvante de la pointe de l'écu, à une *nuée* d'argent brochante sur le tout et posée en fasce.

OISEAUX. Tous les oiseaux peuvent faire partie de ce que nous appellerons le mobilier héraldique. Divers braves cavaliers, dit Palliot, s'en sont servis pour symboles et enseignements muets de leurs conceptions vertueuses et généreuses. Nous grouperons donc ici plusieurs blasons ayant des oiseaux que nous n'avons pas eu occasion de placer sous les noms réels de chacun de ces oiseaux. — I. *De Gigord* (Dauphiné) porte de gueules à la rose d'argent, au chef cousu d'azur chargé de trois *faucons* d'argent. — II. *De Mérendol* (Guadeloupe), d'azur à

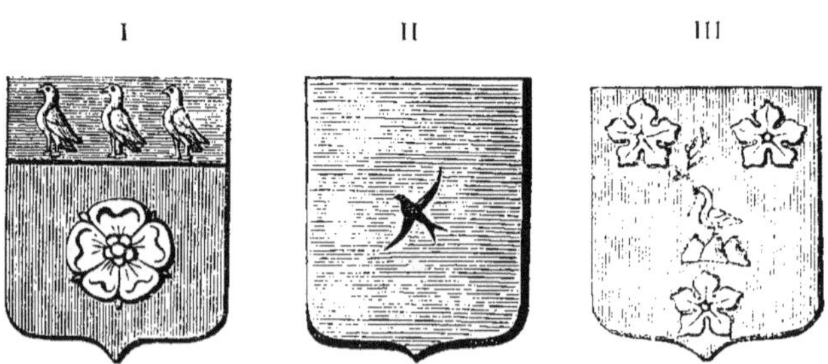

l'hirondelle de sable volante en bande. — III. *Le Merle de Beaufond* (Normandie), de gueules à trois quintefeuilles d'argent, et en abime un *merle* d'or tenant en son bec une branche de laurier de sinople et posé sur un rocher de trois coupeaux d'argent. — IV. *De Boret* (Touraine), d'azur au *pélican* d'argent ensanglanté, avec sa piété de gueules. — V. *Mila de Cabarieu* (Guyenne), de

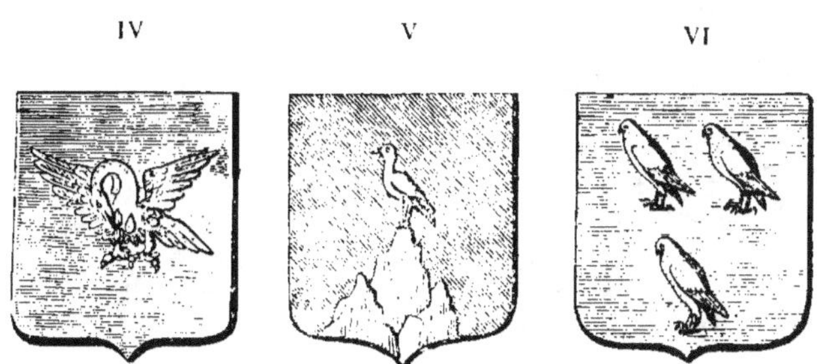

sinople au *milan* d'argent sur un rocher à trois coupeaux de même. — VI. *D'Huc de Monsegou,* d'azur à trois *chats-huants* d'or becqués et éperonnés de sable.

OLIVE. Meuble de blason, fruit de l'olivier. *Bretonneau de Moydier* (Touraine) porte écartelé aux 1 et 4 d'argent, au saule de sinople terrassé de même, surmonté de trois étoiles d'azur rangées en chef, qui est *de Bretonneau;* aux 2 et 3 de gueules à six *olives* croisetées d'argent, posées 1, 2, 2 et 1.

OMBRE. Meuble de blason. On peut représenter sous forme d'ombre toute espèce d'animaux, de plantes, d'astres, etc.

OMBRÉ. Terme de blason se disant des figures qui,

tout en gardant leur émail héraldique, sont rehaussées de noir en ombres portées.

ONDÉ. Terme de blason. Se dit des pièces dont les  bords imitent le mouvement des vagues. *Bodard de la Jacopière* (Normandie) porte parti au 1 d'azur à trois fasces *ondées* d'argent, qui est *de Bodard*; au 2 d'azur au dard d'or posé en fasce, accompagné de trois têtes de loup arrachées d'argent, au chef d'or chargé d'une épée de sable posée en fasce.

ONGLÉ. Terme de blason pour indiquer l'émail des ongles des oiseaux et autres animaux à pied fourchu, sauf des lions, aigles, griffons, qui se disent *armés* de leurs ongles ou griffes.

OPPOSÉ. Terme de blason. Se dit du *chapé* et du *chaussé* combinés dans un même blason.

OR. (Voir le chapitre sur les *Émaux et couleurs*.)

ORDRES DE CHEVALERIE. Les colliers des ordres de chevalerie se placent autour des écus comme ornements héraldiques.

OREILLÉ. Terme de blason se disant des dauphins et des coquilles.

ORLE. C'est une bordure de moitié plus étroite; toutefois, au contraire de la bordure, l'orle est éloignée des bords de l'écu à pareille distance de sa largeur. On peut mettre une ou plusieurs orles en blason. Toutes pièces héraldiques posées dans le sens de l'orle se disent *posées en orle.*

OTELLES. Figures fantaisistes. Sortes d'amandes pelées, disent les anciens auteurs héraldistes; mais nous sommes de l'opinion de M. Grandmaison, qui reconnaît que les armes de la maison *de Comminges,* ayant des otelles, ne sauraient se lire autrement que *d'argent à une croix pattée de gueules.* Le champ d'argent représente quatre figures géométriques que l'on a dénommées sans raison *otelles.*

OURS. Cet animal se représente ordinairement passant et de profil, ne laissant voir qu'un œil et qu'une oreille. *De Bermond de Vaulx* (Languedoc) porte d'or à l'*ours* rampant de gueules colleté d'un baudrier d'argent soutenant une épée garnie de même.

PAIRLE. Figure géométrique ayant à peu près la forme de l'Y.

PAISSANT. Terme de blason. Se dit des vaches et des brebis qui ont la tête baissée pour paître.

PAL. L'une des pièces honorables, tirant son nom des pieux qui servaient pour la clôture des tournois ou pas d'armes. Elle contient le tiers de la largeur de l'écu et se pose verticalement. I. *Roger de Cahuzac* porte d'azur à trois *pals* ondés d'or. — II. *De Galbert* (Dauphiné), d'azur

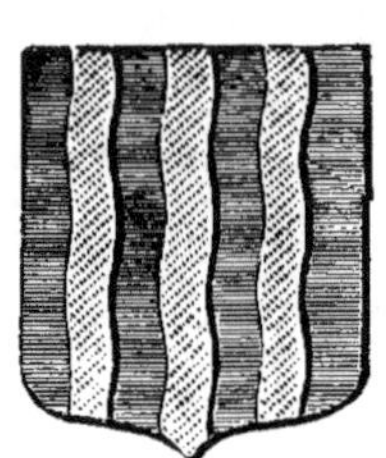

au chevron *palé* d'or, accompagné en chef de deux croissants montant de même.

PALISSÉ. Terme de blason se disant des pièces à pal ou fasces aiguisées enclavées les unes dans les autres.

PALÉ. Écu couvert de pals. Contre-palé s'entend d'un écu coupé, ayant dans chaque coupure des pals qui se rapportent en sens inverse de leur position normale.

PALME. Branche du palmier, symbole de la victoire.

I. *Tardif d'Hamonville* porte écartelé aux 1 et 4 d'or à trois *palmes* de sinople ; aux 2 et 3 d'azur au lion d'or, à la fasce d'argent brochant sur le tout. — II. *Pallu de la Barrière* (Poitou), d'or à deux *palmes* de sinople. — III. *Richard de Soultrait*, d'argent à deux *palmes* de sinople adossées, accompagnées en pointe d'une grenade de gueules tigée et feuillée de sinople.

PAMÉ. Terme de blason. Se dit des animaux dont la gueule est béante.

PAMPRE. Sarment de vigne. La ville de Dijon porte de gueules au *pampre* d'or feuillé de sinople. *De Vignoles de Juillac* porte parti au 1 de gueules au lion d'or armé, lampassé et couronné de sable, tenant en sa dextre une épée en pal d'or, au chef d'or chargé de trois croissants de sable; au 2 de sable au *pampre* ou cep de vigne d'argent contournant un échalas de même.

PANELLES. Feuilles du peuplier.

PANNES. Fourrures (hermine et vair).

PAON. Se représente de front, la queue en roue. *De Guizelin* porte d'azur à trois *paons* d'or posés 2 et 1.

PAPELONNÉ. Écu semé de sortes d'écailles de poissons ou demi-cercles dont les bouts sont montants et se tiennent les uns aux autres.

PAPILLONS. Ils se figurent vus de dos, en blason, les ailes ouvertes et étendues. Les ailes aux couleurs diaprées sont dites *miraillées*.

PARTI. L'une des partitions. Écu coupé en deux dans le sens vertical.

PASSANT. Terme de blason pour les animaux qui sont représentés *allant, marchant*.

PASSÉ EN SAUTOIR. Terme de blason pour désigner principalement la queue des lions double et croisée.

PATTÉ. Croix dont les branches s'élargissent à leurs extrémités. I. *Pocquet de Livonnière* porte de gueules à la fasce d'argent chargée de trois croix *pattées* de sable. — II. *De Boisgueret de la Vallière* (Orléanais), d'or à

I

II

trois arbres de sinople sur une terrasse de même, accostés de deux croix *pattées* de gueules et soutenus en pointe d'un croissant montant d'azur.

PATTES. Les pattes des animaux peuvent être seules représentées comme meubles de blason.

PAVILLON. Sorte de tente richement décorée et drapée qui recouvre le blason des rois et des empereurs. Seuls, les souverains peuvent se servir du pavillon pour la représentation des armoiries.

PEAUTRÉ. Terme de blason Se dit de la queue des poissons quand elle est d'un émail particulier.

PÉLICAN. Est employé en blason comme symbole de l'amour paternel. *Dupré de Geneste* (Agénois) porte écartelé aux 1 et 4 d'argent au *pélican* d'azur nourrissant ses petits, au chef d'azur chargé de trois molettes d'argent; aux 2 et 3 d'azur au chevron d'or accompagné de trois genettes passant de même.

PENNE. Plume d'oiseau portée par les gentilshommes sur leurs chapeaux. On les trouve souvent dans les armoiries, surtout en Angleterre.

PENNETON. Partie de la clef qui joue dans la serrure.

PENNON GÉNÉALOGIQUE. Écu rempli de divers quartiers des alliances d'une famille. Le pennon en ligne directe se fait, dit Palliot, par la position des quartiers, commençant : au un, en y mettant les armes de la mère; au deux, celles de l'aïeule; au trois, celles de la bisaïeule ; au quatre, celles de la trisaïeule ; ainsi de suite, en remontant jusqu'au dernier quartier, mettant sur le tout les armes de la famille.

PENSÉES. Ces charmantes fleurs sont quelquefois employées comme meubles héraldiques. Le baron *Richard* porte parti au 1 d'or au lion de gueules armé et lampassé d'azur, au franc-quartier des barons-préfets de l'Empire; au 2 d'azur à la bande d'argent chargée de trois pensées de gueules.

PERCÉ. Pièces ouvertes à jour.

PERCHÉ. Oiseau sur une branche.

PÉRI. Terme de blason pour désigner une cotice ou un filet qui se pose en bande, en barre, en croix ou en sautoir, et dont les extrémités sont coupées de telle sorte qu'il n'en reste qu'un fragment au milieu de l'écu. C'est un signe de brisure.

PEUPLIER. Meuble de blason. La feuille de cet arbre se dit *panelle. Mougins de Roquefort* (Provence), d'or au *peuplier* de sinople soutenu par un croissant de gueules, accompagné de trois étoiles de sable.

PIED (EN). Terme de blason. Se dit des animaux dont les pattes touchent entièrement le sol.

PIED COUPÉ. Terme de blason. Se dit principalement de la fleur de lis à laquelle il ne reste
que trois fleurons. *Guiton* porte d'azur à
trois fleurs de lis aux *pieds coupés* d'argent.

PIGNON. Partie de muraille se terminant en pointe
au milieu de l'écu.

PILE. Pointe renversée. (Voir *Pointe.*)

PHÉNIX. Meuble de blason. **I.** *Vidal de Léry* (Provence) porte d'azur au *phénix* d'or, sur son immortalité
de même, fixant un soleil, aussi d'or, mouvant de l'angle

dextre de l'écu. — II. *De Marty de la Tour* (Bourgogne),
même description.

PIN. Meuble de l'écu. *Philpin* porte d'or au *pin* de sinople, au chef de gueules chargé d'une croix pattée d'argent.

PLAINÉ. Pointe de l'écu coupée horizontalement. Le plainé a servi de marque de bâtardise.

PLIÉ. Terme de blason. Se dit des oiseaux qui n'étendent pas leurs ailes et des pièces honorables qui sont courbées.

POINTS ÉQUIPOLLÉS. Figures carrées comme celles de l'échiquier, qui se mettent au nombre de neuf et de quinze, — ni plus ni moins, — et dont cinq sont d'un émail et quatre d'un autre (pour neuf points), ou huit et sept d'émaux différents (pour quinze points). On les énonce alors *points équipollés*.

POINTE. Pièce de blason montante du bas en haut de l'écu, dit Palliot, plus étroite en sa largeur que le *chapé*. Il peut y avoir plusieurs pointes dans un écu ; elles peuvent également être en bande, en barre, etc. Lorsque les pointes vont de haut en bas, elles prennent le nom de *pile*. *De Langlois de Septenville* (Normandie) porte d'azur à l'aigle naissante d'or coupé d'argent, à quatre *pointes* de gueules.

POIRIER. Pièce héraldique. *D'Espériès* (Languedoc)
porte d'or au *poirier* de sinople fruitté
d'argent, accosté de deux étoiles d'azur
et soutenu d'un croissant montant de
gueules.

POISSONS. L'assiette ordinaire des poissons de blason est d'être en fasce comme s'ils nageaient ; mais il y a
beaucoup d'exceptions à cette règle. I. *De Leusse* (Dauphiné) porte de gueules à deux *brochets* en pal adossés
d'or, accompagnés de troix croix de Malte aux pieds

fichés, mal ordonnées. — II. *De Bonnevie de Pogniat*
(Auvergne), écartelé aux 1 et 4 d'azur à trois *barbeaux*
d'argent l'un sur l'autre et sommés de trois étoiles de
même ; aux 2 et 3 de France à la tour d'argent maçonnée
de sable.

POMME, POMMIER. Le pommier et son fruit sont
fréquemment employés en blason. (Voir les armes *de
Pommereu.*)

POMME DE PIN. Meuble de blason assez com-
mun. I. *De Mayol de Lupé* (Provence) porte de sinople à
six *pommes de pin* d'or posées 3, 2 et 1. — II. *Chabiel*

I

II

de Morière, d'azur à trois *pommes de pin* d'or posées 2
et 1.

POMMETÉ. Terme de blason. Croix, cercles, bâtons
formés ou ornés de petites pommes.

PONT. Meuble héraldique. On doit indiquer le
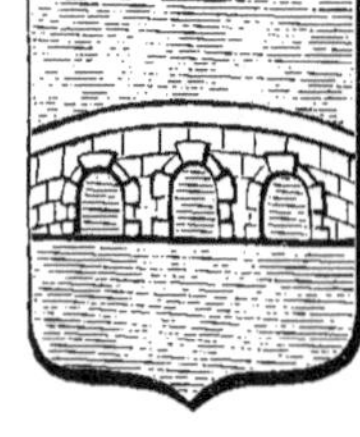
nombre des arches d'un pont. *De Pont-
briand* Bretagne) porte d'azur au *pont* à
trois arches d'argent, maçonné de sable.

PORC, PORC-ÉPIC. Se représentent de profil et
passant. *Odde de la Tour* (Dauphiné),
coupé de gueules et d'argent, au lion
d'or sur les gueules, au *porc-épic* de sable sur l'argent.

PORTAIL, PORTE. Portes maîtresses d'un bâtiment, plus ou moins décorées, et que l'on trouve quelquefois, en blason, ouvertes ou fermées.

POSÉ. Terme de blason. Se dit du lion arrêté sur ses quatre pattes, et aussi des pièces qui sont placées dans le sens de l'une des pièces honorables.

POT. Vase que l'on trouve, en armoiries, sous des formes très variées. Les marquis *de Buchepot* (Berry) portent d'azur au *pot* d'argent à la fasce de gueules brochante, au chef cousu de gueules chargé de trois étoiles d'or.

POTENCE. Terme de blason. Se dit des croix dont les extrémités sont terminées en forme de potence.

POURPRE. (Voir au chapitre des *Émaux et couleurs*.)

PROBOSCIDE. Trompe de l'éléphant, assez rare en blason.

QUARTE-FEUILLE. Fleur fantaisiste qui a quatre feuilles. Il y a des quarte-feuilles doubles, c'est-à-dire avec huit feuilles.

QUARTIER. Quatrième partie de l'écu.

QUARTIERS GÉNÉALOGIQUES. Écus blasonnés, écartelés et contre-écartelés, qui servent de documents à l'appui des preuves généalogiques. Certains documents de ce genre devaient progresser jusqu'à trente-deux quartiers. Le nombre des quartiers suit le nombre des *degrés* qui eux-mêmes progressent géométriquement, 1 produisant 2, 2 produisant 4, et ainsi de suite. Les preuves par quartier se comptent à reculons.

QUINTE-FEUILLE. Fleur idéale à cinq feuilles arrondies ayant chacune une pointe, et chacune percée en rond au milieu. I. La famille *de Lambilly* porte d'azur à six quinte-feuilles d'argent.

RACCOURCI. Terme de blason. Pièces honorables dont les extrémités ne touchent pas les bords de l'écu.

RAIS D'ESCARBOUCLÉ. Meuble héraldique. Sortes de bâtons avec bourdons posés en croix et en sautoir, formant huit rayons percés au centre et quelquefois terminés par des fleurs de lis.

RAISIN. Meuble de blason. I. *Mareschal de Charentenay* (Franche-Comté) porte d'argent à la bande d'azur

I

II

chargée de trois étoiles d'or, accompagnée de deux *raisins* de pourpre feuillés de sinople, celui de la pointe la queue en bas. — II. *De Rozières* (Lorraine), coupé d'or et d'argent par une fasce d'azur chargée de trois roses d'or, l'or à une aigle de sable, l'argent à une grappe de raisin pendante de gueules, tigée et feuillée de sinople.

RAMES ou RAMURES. Cornes de cerfs.

RAMPANT. Terme de blason. Se dit du lion droit et de quelques autres animaux ayant cette position.

RANGÉ. Pièces mises en pal, en fasces, en bandes, etc.

RANGIER. Pièce héraldique. C'est le fer d'une faux qui se pose généralement en fasce. Quand il en est autrement, on doit l'indiquer.

RATEAU. Outil de jardinage dont quelques familles ont fait leur blason.

RAVISSANT. Terme de blason. Quand le loup est droit, il est dit ravissant.

RAYONNANT. Terme de blason se disant du soleil dont les rayons sont d'un émail particulier.

RECOUPÉ. Terme de blason pour les écus qui sont coupés et recoupés.

RECROISETTÉ. Terme de blason. Se dit des croix dont les branches se terminent par d'autres croix.

REDORTE. Meuble héraldique. C'est une branche d'arbre dont le bois est entortillé en forme d'anneaux. Il en est avec feuilles et sans feuilles.

REGARDANT. Terme de blason. Se dit des animaux qui ne montrent que la tête et le col.

REMPLI. Terme de blason pour exprimer l'émail d'une pièce honorable dont le milieu est *vidé* par des dessins quelconques.

RENCHIER. Sorte de cerf dont les cornes sont longues et larges.

RENCONTRE. Terme de blason se disant des têtes d'animaux qui sont vues de fasce, sauf le cerf, qui, dans ce cas, se nomme *massacre*.

RENVERSÉ. Terme de blason. Se dit des pièces, chevrons, croissants, épis de blé, etc., qui sont posées à l'inverse de leur position normale.

RESERCELÉ. Terme de blason. Se dit des croix, bandes, fasces, etc., chargées d'un filet qui forme également fasce, bande ou croix, et dont l'émail est particulier.

RÉSEAU, RET. Cordages en losanges dont on couvre un écu ou une pièce particulière, comme la bande ou la fasce.

RETRAIT. Pièces honorables incomplètes ou qui paraissent retirées.

RIVIÈRE. Meuble de blason. Se pose en fasce, en champagne ou en bande. I. *De Martin de Viviès* (Castrois) porte de gueules à trois oiseaux d'or volant sur une *rivière* d'argent ondée de sable en pointe. — II. *Boudet*

(Auvergne), d'azur à la *rivière* d'argent posée en fasce et chargée d'un bateau de même.

ROC D'ÉCHIQUIER. Se figure en blason comme

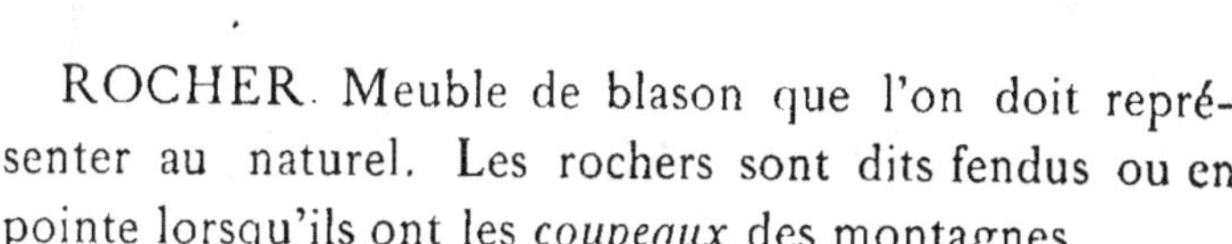

le *roc* des échecs. *De la Tullaie* (Bretagne) porte écartelé aux 1 et 4 d'or au lion de gueules ; aux 2 et 3 de sable à six *rocs d'échiquier* d'argent posés 3, 2 et 1.

ROCHER. Meuble de blason que l'on doit représenter au naturel. Les rochers sont dits fendus ou en pointe lorsqu'ils ont les *coupeaux* des montagnes.

ROSE. « Nulle rose sans épines, sinon en armoiries, dit Palliot. » La rose, avec sa queue, peut être dite soutenue ou tigée et feuillée ; elle doit toujours être épanouie. Les familles suivantes portent des roses : I. *De Marguerit de Rochefort* (Normandie), d'or à trois *roses* de gueules sans queue. — II. *Macé de Gastines* (Anjou), d'or au chevron d'azur accompagné en chef de trois *roses* de

gueules, et en pointe d'un lion de même. — III. *Plaine du Molay* (Normandie), de gueules à six *roses* d'argent 3, 2 et 1. — IV. *Laage de la Rocheterie* (Saintonge), d'azur au chevron d'or accompagné en chef de deux *roses* soutenues de même, et en pointe d'une main fer-

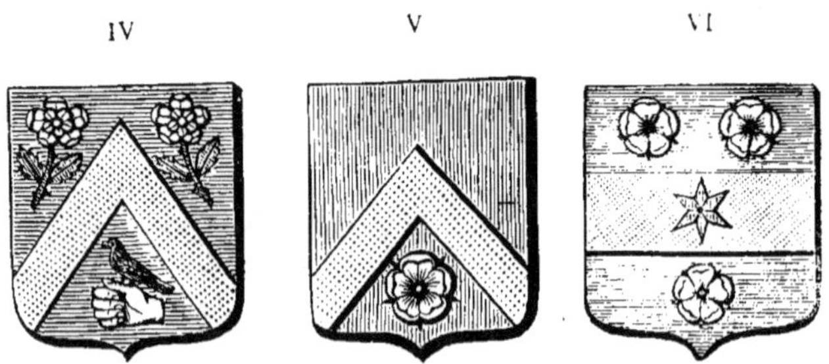

mée d'argent soutenant un faucon au naturel. — V. *De Juglet de Lormaye* (Perche), de gueules au chevron d'or accompagné en pointe d'une *rose* d'argent. — VI. *D'Al-*

mont (Bretagne), d'azur à une fasce d'or chargée d'une molette de gueules et accompagnée de trois *roses* d'argent. — VII. *Mingre de Noras,* d'azur au chevron d'argent accompagné de trois *roses* soutenues de même et surmonté d'une étoile aussi d'argent. — VIII. *Du Four*

de la Thuillerie (Normandie), d'argent au chevron d'azur accompagné de trois *roses* soutenues de même. — IX. *Oddoz de Bonniot,* d'azur à une tête de lion d'or lampassée de gueules et deux *roses* d'argent en pointe.

ROUANT. Terme de blason. Se dit de la queue ouverte du paon.

ROUE. Meuble de blason. Roues de voitures ou de machines. Ces dernières sont dites crénelées. On appelle *roue de Sainte-Catherine* celle qui est garnie de dents, en souvenir du supplice de cette sainte.

ROUGE. Couleur de *gueules.*

ROUVRE. Chêne noueux, du latin *robur.* Les armes de *Rouvray* (Bourgogne) sculptées sur l'un des piliers de l'église portent un *chêne-rouvre.*

RUCHE. Panier des mouches à miel. *Le Boucq de Ternas* (Cambrésis) porte d'azur à trois *ruches* d'or.

RUSTRE. Pièce héraldique qui ressemble au losange. Elle s'en distingue parce qu'elle est percée en *rond* au milieu.

SABLE. Couleur héraldique. (Voir la première partie de cet ouvrage.)

SAILLANT. Terme de blason. Se dit des licornes et bêtes à laine qui sont droites dans l'écu.

SANGLIER. Se représente de profil et passant. *Le Guénébault* (Bourgogne) porte écartelé au 1 de gueules au *sanglier* d'argent, au chef d'or chargé d'un lévrier de sable colleté d'argent; au 2 d'or à la bande vivrée de sable; au 3 d'or à deux chevrons de sinople; au 4 de gueules au sautoir d'or.

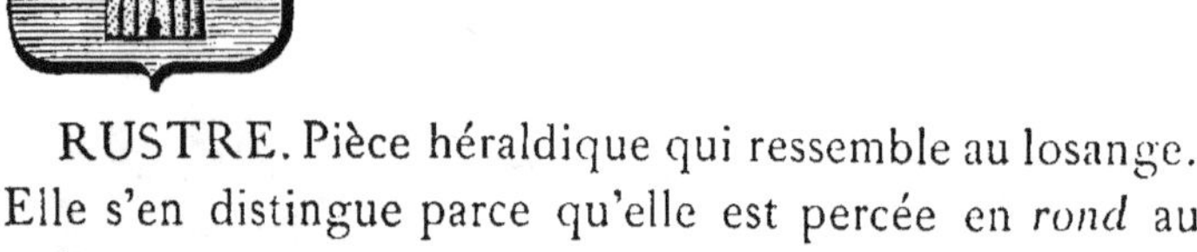

SAPIN. Pièce de blason assez commune. *De Sapin* (Auvergne) porte de gueules au chevron d'argent accompagné en pointe d'un croissant montant d'or, au chef d'argent chargé d'un *sapin* de sinople.

SAUTANT. Terme de blason se disant du bélier et de la chèvre, qui sont comme rampant dans l'écu.

SAUTOIR. L'une des pièces honorables de l'écu, dont elle occupe le tiers, non chargée. C'est une sorte de croix en travers que l'on a dénommée aussi croix *bourguignotte* et croix de *Saint-André*. I. *De Guillet de la Brosse* porte d'azur au *sautoir* d'argent cantonné en chef d'un croissant de même, aux flancs de deux étoiles d'or, et en pointe d'un tiercelet de même. — II. *De*

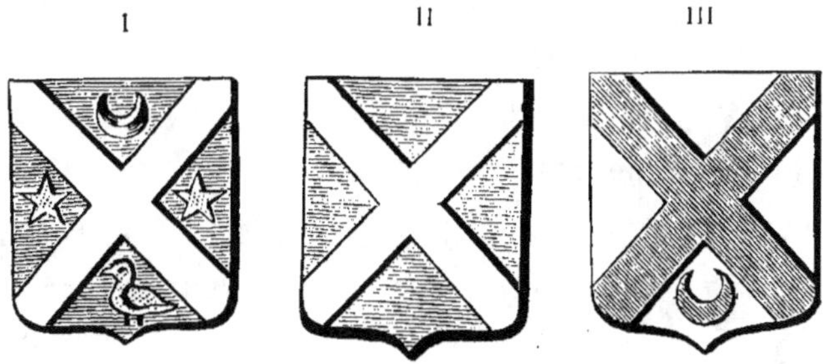

Broqueville (Gascogne), d'azur au sautoir d'argent cantonné en chef d'une molette d'or. — III. *De Maude* (Hainaut), d'argent au *sautoir* de sinople cantonné en pointe d'un croissant montant de même. — IV. *De Montagnac* (Limousin), de sable au *sautoir* d'argent cantonné de quatre molettes de même. — V. *Du Peloux* (Vivarais), d'argent au *sautoir* engrêlé d'azur. — VI. *Mouchet de Battefort de Laubespin*, écartelé aux 1 et 4 d'azur au *sautoir* d'or cantonné de quatre billettes de même, qui est *de Laubespin ;* aux 2 et 3 de gueules à l'épée d'argent en pal, au chef cousu d'azur chargé de trois roses

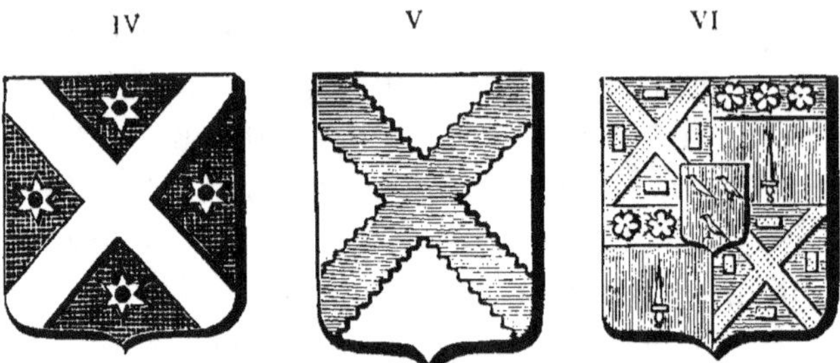

d'argent, qui est *de Batteffort,* sur le tout de gueules à trois émouchets d'argent.

SAUVAGES. On les représente nus et velus et tenant quelquefois une massue à la main.

SCEPTRE. Meuble de blason assez rare. *De Meckenheim* porte d'azur à deux *sceptres* d'or fleurdelisés à leur pointe et passés en sautoir.

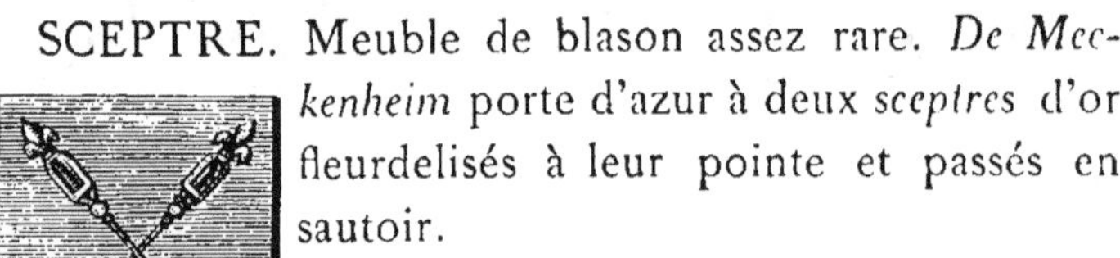

SEMÉ. Terme de blason. Se dit des pièces sans nombre d'un écu, fleur de lis, etc.

SÉNESTRE. Gauche de l'écu. La gauche est à *droite de la vue.*

SÉNESTRÉ. Terme de blason. Se dit des pièces qui accompagnent à gauche une pièce principale.

SÉNESTROCHÈRE. Se dit du bras gauche habillé ou armé, et quelquefois l'un et l'autre. Le bras droit est dit *dextrochère*. (Voyez ce mot.) La famille *de Ferrand* porte d'azur au *sénestrochère* d'argent mouvant d'un nuage du même de la dextre de l'écu et portant un rameau de laurier d'or, accompagné de trois étoiles de même, celle de la pointe soutenant un croissant montant d'argent.

SERPENT. Pièce héraldique assez commune en France. On le nomme aussi *givre* ou *guivre,* mot dont l'étymologie est *vipera*.

SINOPLE. Couleur verte. (*Voir* le chapitre des *Émaux et couleurs,* au commencement de cet ouvrage.)

SIRÈNE. Monstre fantaisiste ayant le corps d'une jeune fille jusqu'au-dessous de la ceinture et le reste en forme de queue de poisson.

SOLEIL. La représentation du soleil en armoiries varie beaucoup quant à la forme et quant à ses rayons. Généralement on le figure avec un visage humain dans un cercle parfait. Ses rayons doivent être au nombre de seize, dont huit droits et huit ondulés. Au-dessous de seize, on indique le nombre des rayons. Un soleil sans aucun trait du visage se dit *ombre de soleil. D'Aligre* (Perche) porte burelé d'or et d'azur, au chef d'azur chargé de trois *soleils* à douze rais d'or.

SOMMÉ. Terme de blason. Se dit d'une pièce qui est surmontée d'une autre.

SOUCHE. Pièce héraldique assez rare. *Watelet de la Vinelle* (Flandre) porte d'or à trois *souches* de sable.

SOUS LE TOUT. Terme de blason. Se dit des pièces qui, placées sous des armes principales ou sous des cantons et quartiers, occupent en pointe toute la largeur de l'écu.

SOUTENU, SOUTENANT. Terme de blason. Se dit des roses avec tiges et des pièces qui sont soutenues par d'autres.

SUPPORTS. Animaux qui soutiennent un écu comme ornement extérieur. (Voir la première partie de cet ouvrage.)

SUPPORTÉ. Terme de blason s'entendant d'un chef de deux émaux. L'émail de la partie supérieure, occupant les deux tiers de la largeur, est dit supporté par la partie moindre d'un autre émail. Se dit également de pièces comme une colonne supportée par deux animaux, comme deux lions.

SUR LE TOUT. Terme de blason. Se dit d'un écusson qui surcharge un blason écartelé. Cet écusson peut être lui-même écartelé, avec un sur le tout que l'on dénomme *sur le tout du tout.* I. *De Coussemaker* (Flandre) porte écartelé aux 1 et 4 d'argent à trois merlettes de sable; aux 2 et 3 d'azur au chevron d'or chargé d'une fleur de lis de gueules et accompagné de trois étoiles à six rais d'or, et *sur le tout* d'argent au lion de sable lampassé de gueules. — II. *De Caix de Saint-Aymour,* écartelé au 1 d'argent à deux sautoirs de gueules accom-

I

II

pagnés en chef de deux croix alésées de même; au 2 d'azur au chevron d'or accompagné de trois croisettes de même; au 3 d'or au chevron d'azur accompagné en pointe d'un lion de gueules couronné d'argent, au chef de gueules chargé d'un croissant d'argent, accosté de deux étoiles de même; au 4 d'azur au lion d'or couronné d'argent, armé et lampassé de gueules; *sur le tout,* fascé de vair et de gueules de six pièces.

SURMONTÉ. Terme de blason équivalant à *sommé.*

TABLE D'ATTENTE. Écus d'un seul émail, soit couleur, soit métal.

TACHETÉ. Terme de blason. Se dit de la salamandre.

TAILLÉ. L'une des quatre partitions de l'écu, qui est divisé en deux parties égales de gauche à droite.

TAON. Insecte qu'il ne faut pas confondre avec les mouches et les abeilles. Les armoiries de *de Thou* ont rendu célèbres les taons héraldiques.

TARÉ. Terme de blason pour *posé*. Se dit du heaume ou du casque que l'on tare de front ou de profil.

TAU. Pièce héraldique. Sorte de croix qui a la forme d'un T.

TAUREAU. Se représente de profil et passant. Il est dit *furieux* s'il paraît rampant. Sa queue doit être retroussée sur le dos, ce qui le distingue du bœuf, qui a la queue pendante.

TENANTS. Hommes ou sauvages qui soutiennent un écu. (Voir le chapitre des *Supports et tenants*.)

TENTE. Meuble de blason. I. *Padiglione* (Italie) porte coupé au 1 d'azur à la *tente* d'argent accompagnée

I   II

de deux étoiles de même ; au 2 burelé d'or et de gueules de huit pièces. — II. *D'Aubergue* (Provence), d'azur à la *tente* d'argent accostée de deux lévriers assis de même, le tout posé sur une terrasse de sinople ; en abîme, un panache accompagné de trois étoiles mal ordonnées d'argent.

TERRASSE. Arbres ou plantes qui paraissent avoir leurs racines sur un petit tertre en pointe de l'écu. Se disent *terrassés* ou en *terrasse*. I. *De Chaperon* (Bretagne) porte de gueules à l'arbre de sinople *terrassé* de même,

à la levrette d'argent courante au pied de l'arbre, à trois étoiles d'argent rangées en chef. — II. *De Raynier,* d'argent au pommier de sinople terrassé de même et sommé d'une étoile d'azur.

TÊTES. Toutes espèces de têtes d'hommes et d'animaux peuvent entrer dans la composition des armoiries. Les têtes humaines doivent se représenter de front, à cause de la beauté du visage, dit Palliot. Si elles ont des cheveux, on les dit chevelées. Il faut en excepter les têtes de Maure et celles des sauvages. Les têtes sont ou coupées ou arrachées.

Scott de Martinville porte d'or à trois *têtes* de lion arrachées de gueules.

TIERCES. Fasces ou bandes en devise qui se mettent trois par trois, comme les jumelles deux par deux.

TIERCÉ. Terme de blason. Se dit de l'écu quand il est divisé en trois parties : en fasce, en bande ou en pal. I. *Le Roy de Barde* (Picardie) porte *tiercé* en fasce, au 1

d'or au lion léopardé de gueules, au 2 de sinople, au 3 d'hermine plein. — II. *Le Goux* (Bourgogne), *tiercé* en pal au 1 d'hermine, au 2 de gueules à une étoile à dix rais d'argent, au 3 de contre-hermine.

TIERCE-FEUILLES. Fleurs fantaisistes à trois pétales et sans corolles.

TIGÉ. Terme de blason se disant des tiges de fleurs ou d'arbustes qui sont d'un émail spécial.

TIMBRÉ. Terme de blason. Se dit des pièces extérieures, couronne, casque, cimier, dont un blason est surmonté.

TIRE. Se dit des traits ou rangées de vair.

TOISON. Peau de mouton garnie de sa laine.

TORTIL. Bourrelet de figure ronde : c'était l'étoffe en forme de bandeau dont les Maures se ceignaient le front.

TORTILLÉ. Terme de blason. Se dit d'une tête ceinte d'un tortil.

TOUR. Meuble de blason. Il en est de plusieurs sortes : rondes, carrées, crénelées, avec ou sans portes, couvertes, ruinées, etc. I. *De Moreton de Chabrillan* porte d'azur à la *tour* crénelée de cinq pièces, sommée de trois donjons chacun crénelé de trois pièces, le tout d'argent maçonné de sable, à la patte d'ours mouvante du quartier sénestre de la pointe et touchant la porte de la tour. — II. *De la Tour Saint-Lupicin*, d'azur à la

I   II   III

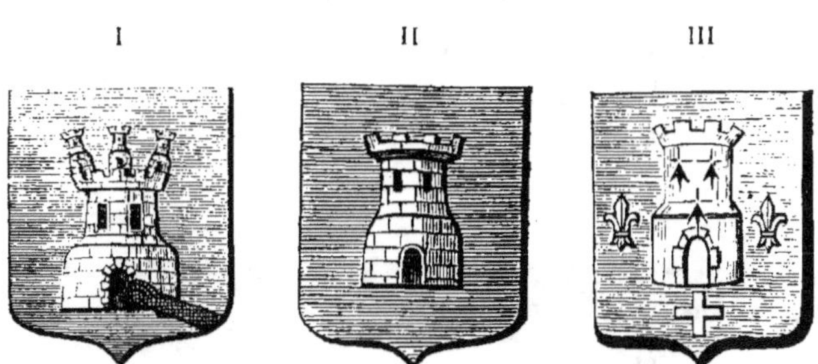

tour d'argent. — III. *Le François des Courtis*, d'azur à la *tour* d'argent chargée de trois mouchetures d'hermine de sable, accostée de deux fleurs de lis d'argent et soutenue d'une croisette de même. — IV. *De Cazenove* (Guyenne), d'azur à la *tour* d'argent accostée de deux lions d'or, le tout sur une terrasse de sinople. — V. *Maupetit,* d'azur à la *tour* crénelée de trois pièces d'or, ouverte, ajourée et maçonnée de sable, adextrée d'un soleil rayonnant d'or, franc-quartier à sénestre de gueules à une épée haute

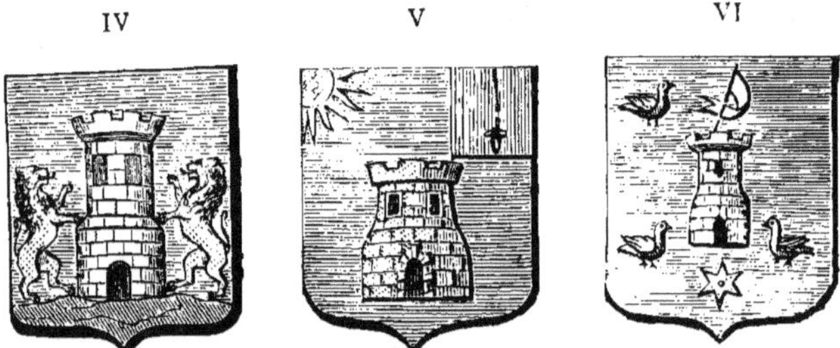

IV V VI

de sable garnie d'argent.—VI. *De Tourtoulon* (Auvergne), d'azur à la *tour* d'argent maçonnée de sable, surmontée d'un étendard d'argent à la hampe d'or, et accompagnée de trois colombes d'argent, l'une contournée en chef, les deux autres affrontées au pied de la tour; en

VII VIII

pointe une molette d'éperon d'or. — VII. *De Redon,* d'azur à deux *tours* d'argent. — VIII. *De Pernety,* d'azur à trois *tours* d'argent girouettées, posées 2 et 1, et sommées d'un croissant de même.

TOURNÉ. Terme de blason se disant des pièces qui penchent en bande ou en barre.

TOURTEAU. Pièce ronde comme le besant, dont il se distingue parce qu'il est toujours de couleur, tandis que le besant est toujours de métal. *Machard de Grammont* (Orléanais) porte d'azur à la fasce d'or chargée d'un *tourteau* de gueules.

TOURTEAU-BESANT. Pièce ronde moitié métal, moitié couleur,

TRABE. Partie de l'ancre qui traverse la stangue par le haut. C'est aussi le bâton qui supporte la bannière.

TRAIT. Carré d'échiquier. On ne se sert de ce terme que si l'échiquier a moins de six traits. Exemple : *Roquefeuil* porte échiqueté d'or et de gueules de quatre traits.

TRANCHÉ. L'une des quatre partitions de l'écu, qui est séparé diagonalement en deux, de droite à gauche.

TRANGLE. Sixième partie de la fasce.

TRAVERSE. Filet qui se pose en barre.

TRECHEUR. Tresse qui ressemble à l'orle. *Hibert* (Champagne) porte de sable à la molette d'éperon d'argent enfermée dans un *double* trécheur, fleuronné et contre-fleuronné de sinople.

TRÈFLE. Herbe à trois feuilles qui se distingue par une queue des *tierce-feuilles. De Loustal* (Guyenne) porte d'or au chevron brisé d'azur accompagné de trois *trèfles* de gueules.

TREILLIS. Espèce de frettes, dont il se distingue en ce que les points d'intersection sont *cloués.*

TRIANGLE. Représente l'unité de Dieu en trois personnes. En blason, les triangles sont ou pleins ou cléchés, et ordinairement représentés une de leurs pointes vers le chef; si cette pointe est, au contraire, vers le bas de l'écu, elle est dite renversée. Il en est de même si elle est tournée vers les flancs. *Grosbois de Soulaine* porte d'azur à la coquille d'argent accompagnée de trois besants de même rangés en chef, et soutenue en pointe d'un *triangle* vidé de sable enfermant un croissant d'argent.

TRONC D'ARBRE. Se représente avec sa souche. (Voir ce mot.)

VACHE. Se représente avec le museau long et délié, sans poils entre les cornes. Elle doit être de profil et passante, la queue battant le flanc gauche. *Vachieri de Châteauneuf* porte écartelé au 1 d'azur à l'aigle éployée d'argent couronnée de sable; au 2 d'azur au sénestrochère d'or, armé d'une épée de même; au 3 d'or à trois *vaches* de sable l'une sur l'autre; au 4 de sable au lion d'or; sur le tout de gueules au casque taré de profil et grillé d'or.

VAIR. Panne ou fourrure héraldique. (Voir le chapitre des *Émaux,* au commencement de ce livre.) La famille *Double* porte *vairé* d'or et de gueules à la fasce d'hermine.

VASE. Vaisseau garni d'anses, qu'il ne faut pas confondre avec le verre.

VERGETTE. C'est un pal réduit au tiers de sa largeur.

VERRE. Meuble de blason assez rare en France. *De Veyrières* (Limousin) porte d'argent à trois verres à pied de gueules, à une branche de laurier de sinople en bande et en abîme.

VÊTU. Écu *rempli* d'un losange.

VIDÉ ou VUIDÉ. Pièces ouvertes laissant voir le champ de l'écu.

VILENÉ. Terme de blason. Se dit du lion dont la verge est d'un émail particulier.

VILENIE ou ÉVIRÉ. Terme de blason. Se dit du lion qui est sans verge.

VILLE. Une ville se représente ou simplement close ou entourée de tours crénelées, avec portes ouvertes ou fermées et d'émaux particuliers.

VIROLÉ. Terme de blason se disant de la virole du cor ou du huchet, lorsqu'ils sont d'un émail spécial.

VIVRÉ. Bandes ou fasces dont les bords sont fortement entaillés à angles droits.

VOL. Deux ailes d'oiseaux posées dos à dos. (Voyez *Demi-vol.*) I. *De Loverdo* porte d'or au *vol* ouvert sur-

I

II

monté de deux têtes d'aigles adossées, le tout de sable. — II. *Passerat de Silans* (Bugey), d'azur à la fasce d'or chargée d'un lion léopardé de gueules, accompagnée en pointe de deux *vols* d'or.

YEUX. Meubles de blason. Ils doivent être fixes. S'il en est autrement, c'est-à-dire s'ils sont de profil, il faut l'indiquer. Si les yeux héraldiques ne sont pas des yeux humains, il est nécessaire de dire à quelle espèce d'animaux ils appartiennent. Les yeux se représentent au naturel; on les dit *allumés* si la prunelle est d'un émail particulier. Les yeux du cheval ou de la licorne sont dits exceptionnellement *animés*.

FIN.

TABLE DES PLANCHES

TABLE GÉNÉRALE DES FAMILLES

DONT LES NOMS SONT CITÉS DANS CET OUVRAGE

TABLE DES MATIÈRES

A PARIS

DES PRESSES DE D. JOUAUST

Imprimeur breveté

Rue Saint-Honoré, 338